TRADING DE CRYPTOMONNAIES
Pour les débutants ambitieux

Jelle Peters et Jan Robert Schutte

Un guide pratique pour un trading rentable
en bitcoins et avec d'autres cryptomonnaies

ODYSSEA PUBLISHING
AMSTERDAM, NETHERLANDS

Première édition, novembre 2023

Conception de couverture : Teddi Black

Mise en page intérieure : Megan McCullough

Traduction : Mathilde Quibel

Avertissement : Les informations contenues dans ce livre ne constituent pas un conseil en investissement. Ni l'éditeur, ni les auteurs ne peuvent être tenus responsables de pertes subies sur les marchés financiers à la suite d'opérations sur des actifs, devises, cryptomonnaies, dérivés de cryptomonnaies, ou tout autre instrument financier.

ISBN : 9789083364919

Odysseapublishing.com

ÉDITION BROCHÉE

Apprenez à trader avec succès en bitcoins et avec d'autres cryptomonnaies

ODYSSEA PUBLISHING

À propos des Auteurs

Jan Robert Schutte a commencé sa carrière à la Bourse des Options d'Amsterdam en 1996 et a depuis acquis une riche expérience en tant que trader sur les marchés financiers. Il est également co-fondateur de CryptoAcademy et OptionAcademy et a coaché des milliers d'investisseurs. Grâce à son expertise en tant que trader de cryptomonnaies, Schutte est un intervenant recherché lors d'événements internationaux sur la cryptomonnaie.

Jelle Peters est l'auteur du premier livre néerlandais sur le trading forex, Forex Pour les Débutants Ambitieux, qui a depuis été publié dans quatre autres langues. Il est également le fondateur du site web populaire Forexinfo.nl, une excellente source d'informations en ligne sur le forex et la cryptomonnaie, et il publie régulièrement sur les évolutions du marché de la cryptomonnaie.

Précédemment publié

Le Forex pour les débutants ambitieux (2015)

Table des matières

Partie II
Comment trader des cryptomonnaies ?

Partie III
Outils essentiels pour le trading de cryptomonnaies

Partie IV
Stratégies de trading populaires

Partie V
Comment devenir un trader de cryptomonnaie réussi

Partie VI
Quiz sur la crypto

Introduction

Les cryptomonnaies envahissent rapidement le monde. La valeur totale de toutes les cryptomonnaies combinées dépassait 2 600 milliards de dollars fin 2021, et au moment où vous lisez ceci, elle pourrait bien être beaucoup plus élevée. Pas mal pour une technologie développée en 2008 en réponse à une crise bancaire internationale qui avait mis le système financier mondial au bord de l'effondrement.

Personne n'aurait pu deviner que la technologie derrière le Bitcoin - un réseau peer-to-peer décentralisé sans confiance permettant de valider et stocker des transactions sur des blocs cryptographiquement sécurisés - décollerait en si peu de temps. Douze ans après son introduction, la technologie blockchain est utilisée pour toutes sortes d'autres applications outre le bitcoin et pour d'autres « vraies » cryptomonnaies. Pensez, par exemple, à l'amélioration de la surveillance des processus logistiques ; le partage sécurisé des données médicales ; la simplification de la sécurité de l'identité ; la décentralisation du marché de l'énergie ; la popularisation du commerce de l'art numérique avec l'avènement des Tokens Non Fongibles (NFT) - pour n'en nommer que quelques-uns.

Récemment, le secteur explosif de la finance décentralisée (DeFi) a attiré beaucoup d'attention. La DeFi concerne tout ce qui touche à la finance, mais est facilitée grâce à l'absence d'intervention des banques ou d'autres parties centrales. Des exemples incluent les plateformes de prêt et les échanges décentralisés, les comptes d'épargne décentralisés et les hypothèques décentralisées. Entre mi-2018 et mi-2021, la valeur totale du marché de la DeFi est passée de moins de 1 milliard à près de 100 milliards de dollars. Et dans les années à venir, ce marché devrait continuer à croître.

Naturellement, les cryptomonnaies associées à des projets de DeFi réussis montent rapidement (nous en couvrons plusieurs dans ce livre). Il en va de même pour les cryptos liés aux réseaux blockchain qui prennent en charge les « smart contracts », des programmes logiciels qui sont exécutés automatiquement lorsque certaines conditions sont remplies et qui sont au cœur de la DeFi, des NFT et de nombreuses autres applications. Tout cela peut encore sembler un peu compliqué, mais bien sûr, nous expliquerons tout en détail plus loin dans le livre.

Ce qui nous amène au but de *Trading de cryptomonnaies pour les débutants ambitieux*. L'explosion du marché de la cryptomonnaie a été, sans surprise, accompagnée d'une croissance tout aussi explosive de gourous auto-proclamés qui vous disent, dans de courts e-books et sur des chaînes YouTube sophistiquées, à quel point il est facile de devenir millionnaire en échangeant des cryptos. Soyons clairs : *Trading de cryptomonnaies pour les débutants ambitieux* n'est pas un tel livre.

Nous voulions écrire un livre qui donne aux traders débutants en cryptomonnaie une bonne base pour réussir structurellement sur le marché de la cryptomonnaie en toute autonomie. Un livre qui vous aide à construire un solide portefeuille crypto et répond à des questions importantes telles que : comment repérer les meilleures pièces ; comment mettre en place un bon commerce ; comment obtenir des rendements supplémentaires avec vos pièces ; et comment protéger vos échanges contre la volatilité notoirement élevée sur le marché de la cryptomonnaie.

En plus des stratégies de trading populaires et de toutes sortes de questions pratiques importantes lors du trading de cryptos, nous discutons également de la manière dont vous pouvez apprendre à repérer les meilleures pièces de DeFi ; ce qu'est le yield farming ; comment vous pouvez prédire les mouvements de prix à l'aide de l'analyse on-chain ; et comment vous pouvez mieux protéger vos positions à l'aide de stratégies d'options. Nous concluons le livre avec un quiz crypto stimulant qui vous permet de tester les connaissances que vous avez acquises.

Trading de cryptomonnaies pour les débutants ambitieux ne vous rendra pas riche, vous êtes le seul à pouvoir le faire.

Cependant, il vous offrira une base solide qui vous permettra d'identifier plus efficacement de nouvelles opportunités d'exécuter des transactions plus judicieuses, et d'éviter les erreurs courantes des débutants qui, autrement, auraient pu vous faire perdre beaucoup d'argent.

Nous espérons que vous tirerez beaucoup de ce livre et que vous ferez un excellent départ en tant que trader de cryptomonnaie !

Jelle Peters et Jan Robert Schutte.

Partie I

Cours accéléré sur les cryptomonnaies

1

Qu'est-ce qui fait qu'une monnaie est une monnaie ?

L'argent est indispensable. Pour les économies très simples, le troc ou le partage peuvent suffire, mais à mesure qu'une société devient plus complexe – avec davantage de personnes, plus de produits – il devient de plus en plus difficile de faire ses courses quotidiennes en échangeant des vêtements, des chaussures et des épées contre du poisson frais, du fromage et du poulet. Ainsi, le troc est remplacé par un moyen de paiement que tout le monde convoite encore aujourd'hui : l'argent.

Au fil des siècles, toutes sortes de choses ont été utilisées comme monnaie : sel, coquillages, blocs de thé, balles de tabac ; toujours des produits qui étaient très demandés et donc faciles à échanger. Mais les matériaux qui ont traditionnellement été utilisés le plus fréquemment comme monnaie sont l'or et l'argent. Ce sont des matériaux rares, non périssables, relativement faciles à travailler et convoités par tous. Il y a plus de 2 500 ans, les Lydiens, qui vivaient dans ce qui est aujourd'hui la Turquie occidentale, furent les premiers à créer des pièces d'or et d'argent, suivis par les Perses, les Grecs et, quelques siècles plus tard, les Romains. Pendant les 2 000 années suivantes, les pièces d'or et d'argent ont continué d'être le principal moyen de paiement dans une grande partie du monde civilisé, et dans de nombreux pays développés. Elles sont restées en usage jusqu'au début du XXe siècle.

De l'étalon-or à la monnaie fiduciaire

Des monnaies telles que la livre sterling, le dollar américain et le Deutsche Mark étaient convertibles en une quantité déterminée d'or jusqu'au XXe siècle, un système appelé étalon-or.

Pendant la Première Guerre mondiale, tous les pays sauf les États-Unis ont abandonné l'étalon-or en raison du coût énorme de la guerre.

Il faudra attendre la Grande Dépression des années 1930 pour que les Américains abandonnent également l'étalon-or.

Vers la fin de la Seconde Guerre mondiale, les nations alliées se sont rencontrées à Bretton Woods, aux États-Unis, pour convenir du système financier mondial d'après la guerre. Le fondement des Accords de Bretton Woods était que le dollar américain serait à nouveau adossé à l'or et toutes les autres monnaies au dollar. Avec ce système, également connu sous le nom d'étalon de change or, l'étalon-or est essentiellement revenu. Cependant, au début des années 1970, les États-Unis ont également abandonné l'étalon-or, principalement à cause du coût croissant de la guerre du Vietnam.

Aujourd'hui, des monnaies importantes telles que le dollar, l'euro, la livre et le yen ne sont plus échangeables contre de l'or. Ainsi, les monnaies modernes n'ont plus de valeur intrinsèque sous-jacente. Leur valeur provient du fait qu'elles sont émises et soutenues par les gouvernements nationaux et de la confiance que nous avons qu'elles seront acceptées comme moyen de paiement pour acheter des biens et des services. Les monnaies émises par les gouvernements sont donc appelées monnaies fiduciaires, du mot latin fiat, signifiant « qu'il en soit ainsi ».[1]

---

1 Le mot fiat est une forme conjuguée du verbe latin fieri, « se produire », au subjonctif, c'est-à-dire « qu'il en soit ainsi ». Cela souligne que c'est le gouvernement qui déclare la monnaie comme moyen de paiement légal.

L'avènement du Bitcoin

Le 31 octobre 2008, six semaines après l'effondrement de la banque d'investissement américaine Lehman Brothers, un certain Satoshi Nakamoto publie un livre blanc intitulé : « Bitcoin : un système de paiement électronique de pair à pair ».[2]

En huit pages, Nakamoto décrit les détails conceptuels et techniques d'un système de paiement numérique qui permet aux individus d'envoyer et de recevoir de l'argent de manière sécurisée et fiable sans l'intervention d'un tiers intermédiaire comme une banque.

Est-ce une coïncidence si ce document a été publié à la suite de la défaillance de l'une des plus grandes banques d'investissement américaines, qui a amené le système financier international au bord de l'effondrement ? Nous ne le saurons peut-être jamais (l'identité de Satoshi Nakamoto reste un mystère). Mais le fait est que le bitcoin est un nouveau type de monnaie dans laquelle les banques ne jouent plus un rôle central ; c'est une monnaie entièrement numérique dont les transactions sont validées et cryptées de manière décentralisée et cryptographique.

Une critique souvent entendue à propos du bitcoin et d'autres cryptomonnaies est que leur valeur n'est basée sur aucun élément. Mais en réalité, la valeur du bitcoin repose exactement sur la même chose que toutes les monnaies modernes : la confiance.

Et bien que le bitcoin ne soit pas soutenu par un gouvernement national et une banque centrale, il est soutenu par une base d'utilisateurs qui ne cesse de grandir et de croître. De plus, la quantité de bitcoin est finie alors que le nombre de pièces nouvellement frappées diminue régulièrement, ce qui crée une rareté et fait augmenter sa valeur au fil du temps avec une demande croissante, tout comme pour l'or (qui n'est pas non plus soutenu par les gouvernements nationaux). C'est une des raisons pour lesquelles le bitcoin est de plus en plus considéré comme de l'or numérique.[3]

---

2 Vous pouvez trouver le document original ici : bitcoin.org/bitcoin.pdf.

3 Les analystes de la banque d'investissement JPMorgan ont déclaré en 2020 que les millennials considèrent de plus en plus le Bitcoin comme une alternative à l'or, et que si cette tendance se poursuit, le Bitcoin pourrait à long terme concurrencer l'or. Source : fortune.com/2020/10/26/jp-morgan-chase-bitcoin-predictions-analyst-jpm-cryptocurrency.

Avec l'acceptation croissante du bitcoin par les grandes banques, les bourses et les investisseurs institutionnels, il est également clair que le groupe des adeptes des cryptomonnaies n'est plus principalement composé d'anarchistes, de criminels et de fraudeurs fiscaux, les premiers utilisateurs célèbres du bitcoin.

Même l'économiste le plus sceptique ne peut donc plus nier que les cryptomonnaies vont rester encore un moment.

Le futur de l'argent

Alors, les jours de l'argent fiduciaire traditionnel sont-ils comptés ? Paierons-nous bientôt tout en bitcoin, ethereum et autres cryptomonnaies ? L'euro et le dollar vont-ils bientôt devenir obsolètes et les gouvernements et les banques (centrales) seront-ils écartés de la régulation et de la gestion du système monétaire ?

Non.

Les gouvernements voudront rester en contrôle du système monétaire à l'intérieur de leurs frontières, afin de pouvoir prélever des impôts et mener la politique monétaire nécessaire pour assurer une économie forte et stable.

Non régulées, les cryptomonnaies pourraient, avec le temps, mettre en péril le contrôle gouvernemental du système monétaire. D'une part, parce que les fonds cryptos peuvent facilement être cachés aux autorités fiscales. Et d'autre part, parce que les banques centrales ne seraient plus en mesure de mettre en œuvre une politique monétaire si tout le monde payait en bitcoins (on ne pourrait pas créer d'argent pour stimuler l'économie, par exemple, ni augmenter le taux d'intérêt pour refroidir une économie surchauffée ou le diminuer pour stimuler une économie déprimée). Les pays ne permettront donc jamais au bitcoin de prendre la place de leur propre monnaie.

Mais même si les gouvernements acceptaient que les cryptomonnaies remplacent le système monétaire actuel, l'argent crypto est moins adapté comme principal moyen de paiement. Non seulement les transactions dans certaines cryptomonnaies (y compris le bitcoin et l'ethereum) sont encore relativement coûteuses, mais la valeur des cryptomonnaies est également notoirement volatile - stablecoins mises à part -. De plus, la sécurisation des cryptos est encore trop compliquée actuellement pour beaucoup de personnes.

Pendant ce temps, plusieurs banques centrales ont commencé à explorer la possibilité d'émettre leur propre monnaie numérique. L'objectif de ces Monnaies Numériques de Banque Centrale (MNBC, plus d'informations au chapitre 8) est de combiner les avantages des cryptomonnaies - sécurisées via la technologie blockchain, des transferts internationaux rapides et faciles sans l'intervention des banques - avec une régulation et un contrôle central.

Si les MNBC deviendront une réalité reste à voir, mais il semble presque certain que l'utilisation des cryptomonnaies continuera de croître de manière exponentielle dans les années à venir.

2

Une brève histoire du Bitcoin

Les tentatives de création de cryptomonnaie remontent aux années 1990. Ces premières tentatives ont échoué pour diverses raisons, allant de la vulnérabilité à la fraude, aux problèmes financiers et aux conflits de travail.

Un problème fondamental avec ces premières monnaies numériques était que la sécurité, la vérification et la gestion des transactions dépendaient toutes d'une tierce partie centrale, également connue sous le nom de système tiers de confiance. Après les échecs répétés de ces tiers, la création de monnaie numérique a été mise en veilleuse, jusqu'à l'éclatement de la crise financière de 2007-2008.

La crise financière mondiale a provoqué une crise de confiance dans le système bancaire et une grande colère dans la société face au fait que les banques, qui s'étaient enrichies de manière si imprudente, devaient maintenant être renflouées par les gouvernements (c'est-à-dire le contribuable) car elles étaient apparemment « too big to fail » (trop grandes pour faire faillite).

Naissance du Bitcoin

Le 31 octobre 2008, un certain Satoshi Nakamoto (dont l'identité reste inconnue) a publié un livre blanc intitulé : « Bitcoin : Un Système de Paiement Électronique de Pair à Pair ».[4]

Le document décrit les détails conceptuels et techniques d'un système de paiement numérique permettant aux individus d'effectuer des paiements sécurisés et fiables, facilités par un système dit sans confiance, c'est-à-dire, sans l'intervention d'une tierce partie intermédiaire comme une banque.

Le 3 janvier 2009, le logiciel bitcoin a été mis en œuvre et publié comme logiciel open-source par Satoshi Nakamoto. Nakamoto lui-même a miné le premier bloc de la blockchain bitcoin, appelé le bloc de genèse (plus d'informations sur la technologie de la blockchain bitcoin au Chapitre 3).

La technologie de la blockchain, facilitant le processus de transaction bitcoin, avec sa forte sécurité cryptographique et son opérabilité décentralisée, allait bientôt révolutionner toutes sortes d'industries et de secteurs, de la banque et de la logistique au monde de l'art et aux systèmes de santé.

Pensez, par exemple, à l'utilisation de la technologie blockchain par les plateformes de prêt de pair à pair, permettant de contracter des prêts et même des hypothèques sans l'intervention d'une banque (plus d'informations sur les applications de la finance décentralisée au Chapitre 7).

Ou pensez encore à l'utilisation croissante de la technologie blockchain dans le secteur de la logistique. Un exemple de ceci est TradeLens ; c'est une plateforme basée sur la blockchain pour la gestion du transport mondial qui implique plusieurs parties prenantes, créée en 2018 par la compagnie de transport internationale Maersk et le géant informatique IBM.[5]

Et même dans le monde de l'art, la technologie de la blockchain a provoqué une révolution. Avec l'introduction des tokens non fongibles (NFTs) - une sorte de tokens crypto uniques qui peuvent lier des données d'identité à des médias numériques - un tout nouveau marché pour l'art numérique a été créé.

---

4 bitcoin.org/bitcoin.pdf
5 Tradelens.com

Chronologie du Bitcoin

Voici une brève chronologie des moments importants de l'histoire—encore jeune—du bitcoin. Pour vous donner une idée de l'évolution du prix du bitcoin au fil des ans, nous avons également inclus des indices de prix importants du bitcoin.

Le 3 janvier 2009, le premier bloc bitcoin est miné par Satoshi Nakamoto. Le 1er janvier 2010, le prix d'un bitcoin est de 0,09 $.[6]

En mars 2010, la première bourse de Bitcoin, BitcoinMarket.com (aujourd'hui disparue), a été lancée, suivie quelques mois plus tard par Mt Gox. En 2013, Mt. Gox serait responsable de plus de 70% de toutes les transactions en bitcoins. Cependant, à la suite du vol d'un grand nombre de bitcoins depuis son portefeuille chaud, Mt Gox connaîtra une fin peu glorieuse (plus d'informations sur la sécurisation de vos actifs crypto au Chapitre 5).[7]

Le 1er janvier 2011, un bitcoin vaut 0,30 $.

En février 2011, le marché noir en ligne tristement célèbre Silk Road, a commencé à accepter le bitcoin comme moyen de paiement, contribuant ainsi de manière significative à l'adoption précoce du bitcoin parmi les criminels. Entre février 2011 et juillet 2013, Silk Road facilite les transactions pour 9,9 millions de bitcoins, d'une valeur totale d'environ 214 millions de dollars américains à l'époque.[8]

Le 1er janvier 2012, le prix d'un bitcoin est de 5,27 $, soit une augmentation d'environ 1 750% par rapport à l'année précédente. En septembre 2012, la Fondation Bitcoin est créée pour promouvoir l'utilisation et le développement du Bitcoin.

---

6 officialdata.org/bitcoin-price

7 Un portefeuille chaud (« hot wallet ») est un portefeuille crypto accessible en ligne et donc susceptible d'être piraté. Aujourd'hui, les plateformes d'échange de crypto-monnaies conservent la grande majorité de leurs actifs crypto hors ligne, également appelé « stockage à froid ».

8 pubs.aeaweb.org/doi/pdfplus/10.1257/jep.29.2.213

En décembre 2013, moins de cinq ans après son lancement, le bitcoin atteint pour la première fois un prix de 1 000 $.

En 2014, le bitcoin perd plus de la moitié de sa valeur après que le gouvernement chinois a restreint le trading de bitcoin en Chine. Le scandale entourant Mt. Gox, qui était de loin la plus grande plateforme d'échange de bitcoins à l'époque, n'arrange rien.

Pendant 2015 et 2016, le bitcoin oscille principalement entre 200 $ et 700 $, mais à partir de janvier 2017, le prix commence à augmenter rapidement.

En janvier 2017, la barre des 1 110 $ est franchie pour la première fois. Quelques mois plus tard, le bitcoin atteint un sommet de 2 000 $, et le 1er septembre, le prix franchit pour la première fois la barre des 5 000 $.

L'une des raisons de la forte augmentation du prix au cours du second semestre 2017 est l'approbation de la mise à niveau logicielle Segregated Witness (SegWit) par la majorité de la communauté bitcoin, en juillet 2017. L'objectif de cette mise à niveau est d'améliorer la scalabilité du bitcoin. Un groupe de mineurs de bitcoins opposés à la mise à niveau SegWit crée une nouvelle pièce avant l'activation de SegWit en réalisant une scission de la blockchain par le biais d'une certaine fourchette dure La nouvelle pièce est appelée Bitcoin Cash (BCH).

Début décembre 2017, Cboe Global Markets lance le premier marché réglementé des contrats à terme sur le bitcoin, suivi une semaine plus tard par la CME, la plus grande bourse de dérivés financiers au monde.

Le 17 décembre 2017, le bitcoin atteint un prix record de 19 783 $ et semble prêt à franchir la barrière magique des 20 000 $ à tout moment. Cependant, il faudra encore trois ans avant que le bitcoin ne franchisse finalement les 20 000 $, car le 22 décembre 2017, le bitcoin perd un tiers de sa valeur en seulement 24 heures, marquant la fin d'une montée haussière sans précédent.

En février 2018, le prix passe en dessous de 7 000 $, et le 7 décembre 2018, un an après son pic, un bitcoin vaut moins de 3 300 $ (ce qui, soit dit en passant, est encore environ 230% de plus que son prix en janvier 2017).

Au premier semestre 2019, le bitcoin commence une reprise prolongée et le 1er juillet 2019, il se négocie à nouveau à plus de 10 000 $. En septembre 2019, Intercontinental Exchange (ICE), le propriétaire de la Bourse de New York, lance un marché à terme sur le bitcoin appelé Bakkt. Microsoft et le Boston Consulting Group, entre autres, font partie des premiers investisseurs de Bakkt.

Début 2020, le prix du bitcoin baisse à nouveau, mais il monte rapidement par la suite.

L'une des raisons de cette hausse du prix du bitcoin en 2020 est ce qu'on appelle le « troisième halving ». Le halving du bitcoin est un événement où la récompense pour l'extraction d'un nouveau bloc bitcoin est divisée en deux de façon permanente. C'est codé en dur dans le logiciel du bitcoin et se produit tous les quatre ans. Les deux « halvings » précédents ont également provoqué une hausse du prix.

L'intérêt des investisseurs institutionnels pour le bitcoin continue de croître tout au long de 2020. Parmi les exemples marquants, citons l'annonce de la société de paiement Square qui placera 1% de ses actifs - soit 50 millions de dollars - en bitcoin, et l'annonce de PayPal qui proposera à ses clients américains d'acheter, de vendre et de détenir des bitcoins.

En octobre 2020, des analystes de JPMorgan Chase notent que les millennials considèrent de plus en plus le bitcoin comme une alternative à l'or et que le prix du bitcoin pourrait doubler ou tripler si cette tendance se poursuit. Le prix d'un bitcoin est d'environ 13 000 $ à ce moment-là.[9]

En avril 2021, le bitcoin atteint un nouveau record historique (ATH) de 64 829 $ lorsque Coinbase, la plus grande plateforme américaine d'échange de cryptomonnaies, est cotée à la Bourse de New York. Cependant, peu de temps après, la valeur du bitcoin chute de plus de la moitié, atteignant un plancher de 30 000 $ le 19 mai. Ce niveau de soutien est testé à plusieurs reprises dans les mois qui suivent.

Le prix du bitcoin continue de baisser tout au long de l'été 2021. Mais en octobre, il monte à nouveau en flèche, à la suite de l'approbation par

9 fortune.com/2020/10/26/jp-morgan-chase-bitcoin-predictions-analyst-jpm-cryptocurrency

la SEC du premier fonds négocié en bourse sur les contrats à terme en bitcoin aux États-Unis.

Le 10 novembre 2021, le prix du bitcoin atteint un nouvel ATH de 68 789 $.

Mi-décembre 2021, le bitcoin est tombé à environ 46 000 $. Parmi les raisons, figuraient l'incertitude concernant l'inflation et l'émergence d'une nouvelle variante de la COVID-19, Omicron, qui continuaient d'effrayer les investisseurs.

Entre janvier et mai 2022, le prix du bitcoin a continué de baisser progressivement, avec des prix de clôture d'à peine 47 500 $ à la fin du mois de mars, avant de chuter davantage autour de 28 000 $ vers la mi-mai.

En novembre 2022, le prix du bitcoin a chuté à un plancher de 15 588 $ à la suite de l'effondrement de la plateforme d'échange de cryptomonnaies FTX.

A partir de cette période et jusqu'au mois d'août 2023, le prix du bitcoin s'est redressé et a oscillé dans une fourchette allant de 25 000 $ à 31 000 $.

3

Qu'est-ce que les cryptomonnaies et comment fonctionnent-elles ?

Une cryptomonnaie est une monnaie numérique dont les transactions sont vérifiées et enregistrées de manière décentralisée et également sécurisées cryptographiquement. Ainsi, les cryptomonnaies ne sont pas émises par une banque centrale comme le sont les monnaies traditionnelles telles que l'euro et le dollar, mais elles sont créées et distribuées complètement indépendamment des institutions financières et des gouvernements.

La création de nouvelles unités d'une cryptomonnaie est définie dans le code sous-jacent de la cryptomonnaie spécifique. Par exemple, le code du bitcoin spécifie qu'un maximum de 21 millions de bitcoins peuvent être créés par minage (nous en reparlerons plus tard). Il est prévu que le dernier bitcoin soit miné en 2140.

Design du Bitcoin

La Banque Centrale Européenne décide combien d'euros (€, EUR) ajouter chaque année, et la Réserve Fédérale décide combien de dollars ($, USD) ajouter. Mais qui décide combien de nouveaux bitcoins (₿, BTC) sont ajoutés chaque année ?

La réponse est le code du Bitcoin. De nouveaux bitcoins sont créés lorsqu'un nouveau « bloc » est « miné » sur lequel les transactions en bitcoins peuvent être enregistrées. Les nouveaux bitcoins sont attribués au mineur qui a trouvé le nouveau bloc. Un nouveau bloc est créé environ toutes les dix minutes, mais la taille de la récompense est divisée par deux tous les quatre ans. Tout cela est codé en dur dans le code du Bitcoin.

Mineurs ? Blocs ? Récompenses ?

OK, approfondissons un peu plus.

La partie la plus innovante du Bitcoin, comme mentionné précédemment, est qu'il n'a pas besoin d'une tierce partie de confiance telle qu'une banque pour faciliter les transactions entre individus en toute sécurité.

Voici comment cela fonctionne : Pour s'assurer que la personne B peut faire confiance à la personne A, et être sûr qu'elle n'a pas déjà envoyé son bitcoin à quelqu'un d'autre comme paiement, une transaction doit d'abord être vérifiée par suffisamment d'ordinateurs individuels, appelés nœuds. Ce n'est que lorsqu'il y a suffisamment de vérifications que la transaction est enregistrée dans un bloc.

Le réseau Bitcoin est composé de milliers de nœuds qui sont tous connectés et qui possèdent une copie de l'ensemble de la blockchain Bitcoin. Les nœuds maintiennent la blockchain Bitcoin et se vérifient également les uns les autres. Cela rend la fraude presque impossible. Après tout, si l'un des nœuds devait manipuler sa copie de la blockchain, elle ne correspondrait plus à tous ces milliers d'autres copies.[10]

Une transaction Bitcoin se déroule en trois étapes :

---

10 Le site blockchain.info présente la blockchain de Bitcoin.

- D'abord, quelqu'un fait une demande pour envoyer une quantité de bitcoins de son adresse Bitcoin vers une autre adresse Bitcoin. (Assurez-vous de toujours envoyer des bitcoins uniquement à une adresse Bitcoin, car si par exemple, vous envoyez du bitcoin à une adresse Bitcoin cash ou Ethereum, non seulement ils n'arriveront pas, mais en plus vous les aurez perdus à jamais.)

- Ensuite, la demande est envoyée au réseau Bitcoin, où elle attend qu'un mineur ajoute la transaction à un bloc. Ensuite, la transaction doit encore être approuvée.

- Enfin, la transaction est approuvée sur la base du modèle de consensus. Si plus de 50% des nœuds donnent leur feu vert, la transaction est finalement ajoutée à un bloc.

Le nombre de transactions qui rentrent dans un bloc varie. En 2020, le nombre de transactions par bloc était généralement compris entre 1 700 et 2 500.[11] Lorsqu'un bloc est plein, il est ajouté au bloc précédent - et donc à la blockchain.

Un nouveau bloc doit alors être miné. Pour ce faire, les mineurs doivent trouver un grand nombre aléatoire, le nonce. Au début, cela pouvait être fait avec un ordinateur de bureau ordinaire, mais trouver le nonce devient plus difficile à mesure que le nombre de bitcoins déjà minés augmente. De nos jours, l'exploitation minière de bitcoins est donc principalement effectuée par des entreprises minières professionnelles.

Le code Bitcoin est configuré de manière à ce qu'un nouveau bloc soit trouvé environ toutes les dix minutes, compte tenu de la capacité informatique totale du réseau minier. Tous les 2 016 blocs (ou environ tous les 14 jours), la difficulté de trouver un nouveau bloc est ajustée.

Si un mineur a réussi la tâche de preuve de travail d'un bloc (trouver le nonce), le nombre résultant doit d'abord être vérifié par le reste du réseau avant que le bloc ne soit accepté.

Le mineur qui trouve le nouveau bloc est alors autorisé à effectuer la première transaction, également connue sous le nom de transaction

---

11 Blockchain.com/charts/n-transactions-per-block

coinbase, en s'attribuant un montant fixe en bitcoins. Ce montant est automatiquement divisé par deux tous les quatre ans par le logiciel Bitcoin. En mai 2020, la récompense est de 6,25 bitcoins par nouveau bloc.[12] Le mineur est en outre récompensé par les frais de transaction des transactions enregistrées dans le bloc qu'il a trouvé.

Lorsqu'un bloc est plein ou que le temps de transaction moyen a été dépassé, le bloc est scellé avec une clé cryptographique, c'est le code de hachage. Le code de hachage du bloc précédent est également stocké sur le nouveau bloc. Cela rend pratiquement impossible la modification des transactions une fois qu'elles ont été enregistrées, car cela nécessiterait non seulement la modification du bloc contenant la transaction en question, mais aussi de tous les blocs précédents, sinon les codes de hachage ne correspondraient plus.

Après la fermeture du bloc, il est ajouté à la série des précédents blocs fermés. Cela crée une chaîne de blocs en constante évolution, la blockchain.[13]

La blockchain n'est en réalité rien d'autre qu'une grande base de données en ligne décentralisée dans laquelle toutes les mutations sont enregistrées. Dans le cas de la blockchain Bitcoin, il s'agit de transactions Bitcoin. Cependant, dans d'autres blockchains, ces données peuvent être beaucoup plus variées, couvrant diverses mutations, qu'il s'agisse d'autres cryptomonnaies, de la propriété d'un NFT, ou encore de données médicales et de systèmes d'approvisionnement.

La blockchain d'un réseau largement utilisé est pratiquement impossible à manipuler. Vu que la base de données complète se trouve sur de nombreux ordinateurs différents (nœuds), chaque transaction doit d'abord être approuvée par une multitude de nœuds avant d'être ajoutée au bloc, et chaque bloc est indissociablement lié à deux autres blocs par deux codes de hachage - son propre code de hachage et celui du bloc précédent - et donc à l'ensemble de la blockchain.

Cela rend un système de données basé sur la technologie blockchain plus sûr que les systèmes contrôlés de manière centralisée comme ceux

12 bitcoinblockhalf.com

13 Sur blockchain.com/explorer, vous pouvez voir toutes les transactions.

utilisés par les banques, car ces systèmes peuvent être manipulés via un certain point de défaillance unique. Les transactions bancaires peuvent être inversées ou modifiées. Cela n'est pas possible avec une transaction basée sur une blockchain.

C'est pour cette raison que la technologie de la blockchain est de plus en plus utilisée pour toutes sortes d'autres applications, telles que la sécurisation et l'exécution de contrats (smart contracts), le partage sécurisé des données médicales, la surveillance des systèmes de transport et d'approvisionnement, etc.

La différence entre la preuve de travail et la preuve d'enjeu

Le grand défi pour un système de paiement décentralisé est de savoir comment empêcher les utilisateurs de dépenser la même pièce simultanément plus d'une fois. C'est un enjeu majeur également appelé « problème de double dépense ».

Avec un système centralisé, empêcher la double dépense n'est pas un problème. Lorsque vous effectuez un paiement depuis votre compte bancaire, par exemple, votre banque déduit simplement le paiement de votre compte et l'envoie au bénéficiaire. Avec un système décentralisé, cependant, il n'y a pas d'autorité centrale ; alors, comment pouvez-vous être sûr que le bitcoin que vous recevez n'a pas déjà été envoyé à quelqu'un d'autre ?

Une solution émerge, qui consiste à utiliser un mécanisme de consensus ; en d'autres termes, valider les transactions uniquement après qu'elles ont été approuvées par plusieurs ordinateurs/nœuds. Dans les cryptomonnaies, les deux mécanismes de consensus les plus utilisés sont la preuve de travail (*proof-of-work*) et la preuve d'enjeu (*proof-of-stake*).

Preuve de travail (Proof-of-work)

Il s'agit du mécanisme de consensus utilisé par le Bitcoin. Avec le concept de preuve de travail, les transactions sont vérifiées par les mineurs et un bloc ne peut être ajouté à la blockchain que lorsqu'un grand nombre aléatoire, le nonce, est trouvé. Le mineur qui trouve le nonce communique ensuite cela au reste des mineurs, et ce n'est que lorsqu'une majorité approuve la solution, que le bloc est réellement ajouté à la blockchain. Le mineur qui a trouvé la solution est alors autorisé à exécuter la première transaction sur le nouveau bloc et à se payer un montant fixe en bitcoins en guise de récompense.

L'utilisation d'un mécanisme de consensus pour valider les transactions Bitcoin était une idée brillante. Mais bien que le concept de preuve de travail fonctionne bien pour prévenir la fraude, il a fait l'objet de critiques croissantes ces dernières années car il nécessite une quantité démesurée d'énergie pour valider les transactions Bitcoin et pour miner de nouveaux blocs.[14]

La concentration croissante du processus de minage de Bitcoin entre les mains d'un nombre de plus en plus restreint d'acteurs – avec plus de 50% du minage de Bitcoin effectué par quatre grands pools de minage en 2021 - est également considéré comme indésirable.[15] Si ces pools devaient se concerter, ils pourraient par exemple, stopper les transactions qu'ils n'apprécient pas pour une raison quelconque. Ils pourraient même fabriquer/manipuler des transactions pour s'enrichir. (Une attaque sur un réseau décentralisé par une majorité de nœuds est également appelée une attaque à 51%.)

Et bien que ces problèmes ne soient pas insurmontables, l'équipe derrière Ethereum, la deuxième cryptomonnaie — ainsi que la plateforme

14 L'Université de Cambridge a calculé que le Bitcoin consommait plus d'énergie que l'Argentine en 2020 (bbc.com/news/technology-56012952). Le fervent adepte de la crypto et PDG de Tesla, Elon Musk, a cité la haute consommation d'énergie du Bitcoin comme raison spécifique pour laquelle Tesla n'accepterait plus la cryptomonnaie comme moyen de paiement. En juin 2021, Musk a déclaré que Tesla accepterait de nouveau le Bitcoin comme paiement lorsque 50% de l'énergie utilisée par les mineurs de Bitcoin proviendra de sources renouvelables.

15 blockchain.com/en/pools.

logicielle qui alimente de nombreuses autres cryptomonnaies — a néanmoins décidé il y a quelques années de passer de la preuve de travail à la preuve d'enjeu.

Preuve d'enjeu (Proof-of-stake)

Dans le mécanisme de preuve d'enjeu, les transactions ne sont pas validées par des mineurs mais par des propriétaires de pièces qui engagent leurs pièces dans des pools de staking. Les nouvelles pièces ne sont pas minées, mais attribuées aux participants des pools de staking en fonction de la taille de leur engagement ; plus l'engagement est grand, plus la récompense est importante.

Avec les pièces en preuve d'enjeu, les parties qui ne possèdent pas de pièces ne jouent aucun rôle dans la validation des transactions et/ou la création de nouvelles pièces, ce qui est tout à fait possible avec les pièces en preuve de travail (les mineurs de Bitcoin n'ont pas besoin de posséder de bitcoins). La probabilité d'une attaque à 51% est donc également beaucoup plus faible avec les pièces en preuve d'enjeu. Après tout, les parties malveillantes ne peuvent manipuler les transactions que lorsqu'elles possèdent plus de 50% des pièces, ce qui signifie qu'elles se nuiraient principalement à elles-mêmes lorsque la confiance dans la pièce - et donc sa valeur - s'effondrerait.

Il est impossible de dire à l'heure actuelle si la preuve d'enjeu supplantera de plus en plus la preuve de travail comme modèle de validation préféré dans les années à venir, ou si un autre mécanisme de consensus émergera comme modèle de validation préféré. Tout dépendra du succès du changement de POW à POS par le réseau Ethereum.

Comment pouvez-vous utiliser les cryptomonnaies ?

Les cryptos représentent une toute nouvelle classe d'actifs, avec des caractéristiques des monnaies traditionnelles ainsi que des actions et des matières premières. Les cryptos sont donc non seulement considérés comme un moyen de paiement, mais aussi (principalement) comme un investissement spéculatif et - dans le cas du Bitcoin - comme une réserve de valeur.

Les cryptos comme moyen de paiement

Le Bitcoin a été initialement développé comme une alternative complète et sans banque aux monnaies traditionnelles, mais jusqu'à présent, la première cryptomonnaie à succès n'a pas vraiment tenu cette promesse. Le réseau Bitcoin s'est avéré trop lent et trop coûteux pour cela et le prix du Bitcoin trop volatil. Néanmoins, le Bitcoin a prouvé que des cryptomonnaies sans banque étaient possibles.

Et bien que l'utilisation des cryptomonnaies comme moyen de paiement en soit encore à ses balbutiements une bonne décennie après le lancement du Bitcoin, l'industrie crypto a mûri ces dernières années. Toutes sortes de nouvelles cryptomonnaies « pures » ont vu le jour, permettant des paiements (internationaux) plus rapides et moins chers qu'avec les monnaies traditionnelles, et de grandes institutions financières telles que PayPal et Mastercard ont annoncé leur intention de faciliter les paiements en cryptos.[16]

De nos jours, vous pouvez également payer avec des cartes de débit crypto partout dans le monde, sans l'intervention d'aucune banque (même si vous devez encore convertir votre crypto en monnaie fiduciaire auprès de la société de carte crypto avant de pouvoir effectuer un paiement). Parmi les cartes de débit crypto les plus connues, on peut citer Wirex, Revolut, Bitpay et la Binance Card.

Avec la réglementation croissante des cryptomonnaies par les gouvernements et les autorités financières, et leur adoption croissante par les institutions financières ainsi que par le grand public, l'intégration des

16 La société de carte de crédit Mastercard a annoncé en février 2021 qu'elle permettra aux entreprises d'accepter des paiements en bitcoins ainsi que dans plusieurs autres cryptomonnaies. De plus, le géant du paiement PayPal a annoncé en mars 2021 que ses clients pourront prochainement effectuer des paiements avec des bitcoins.

cryptos dans le système financier existant augmentera sans aucun doute dans les années à venir.

Le Bitcoin en tant qu'or numérique

Bien que moins adapté aux paiements réguliers, le Bitcoin est de plus en plus considéré comme une réserve de valeur, également appelé « or numérique ».

Ce n'est pas surprenant : Comme l'or, le bitcoin est une marchandise rare (seulement un maximum de 21 millions de pièces peuvent être minées au total). Il peut plus facilement échapper à la portée des gouvernements que les monnaies traditionnelles, et il offre une protection contre l'inflation. Ce dernier point peut être moins important lorsque vous recevez votre salaire en euros ou en dollars, mais il existe de nombreux pays où l'inflation est bien plus élevée.

Un avantage du bitcoin sur l'or physique est qu'il est beaucoup plus facile à stocker. En revanche, l'or est considéré comme une marchandise précieuse depuis des milliers d'années et a été utilisé comme véritable moyen de paiement jusqu'à une époque récente, alors que le bitcoin ne fait que commencer à s'affirmer et s'est avéré être pratiquement plus volatil que tout autre actif.

Les critiques disent également que le bitcoin n'a pas de valeur sous-jacente. C'est vrai, bien sûr, même si de nos jours, la valeur de l'or a peu à voir avec son utilité en tant que marchandise et beaucoup plus à voir avec la demande des investisseurs.

Une autre vulnérabilité du bitcoin qui pourrait entraver son adoption à grande échelle en tant qu'or numérique est — ironiquement — la sécurité. Bien que la blockchain Bitcoin et les transactions en bitcoins soient ultra-sécurisées, le piratage des portefeuilles crypto en ligne et des institutions dépositaires (qui gèrent les bitcoins pour de gros clients) a régulièrement augmenté au fil des années.

Néanmoins, de plus en plus d'investisseurs institutionnels ont franchi le pas et ont investi dans le bitcoin depuis 2020, attirés par son prix en hausse et ses bonnes perspectives à long terme.

Les cryptos comme investissement

En tant que traders, nous considérons les cryptomonnaies comme une proposition d'investissement très intéressante. C'est parce que les cryptos offrent de grandes opportunités pour les investisseurs à court et long terme de réaliser de solides rendements. Il est important de comprendre, cependant, que les cryptomonnaies sont actuellement une classe d'actifs très volatile et le resteront sans doute dans les années à venir.

Les cryptomonnaies peuvent chuter et monter plus facilement que les actions car, contrairement aux actions, elles n'ont pas de valeur intrinsèque basée sur des actifs sous-jacents. La valeur/le prix d'une cryptomonnaie est déterminée par le succès (attendu) du projet blockchain auquel appartient le crypto. Plus le projet est réussi et/ou plus les attentes sont élevées, plus la demande (et donc le prix) pour la cryptomonnaie de ce projet est élevée.

Les prix des pièces réussies peuvent donc parfois s'envoler de plusieurs centaines ou milliers, parfois même de dizaines de milliers de pourcents en peu de temps. À notre avis, cela rend attrayant l'allocation d'au moins une petite portion d'un portefeuille d'investissement aux cryptomonnaies.

La décision d'investir ou non dans les cryptos, ainsi que la part de votre capital d'investissement à consacrer aux cryptos, est une décision personnelle qui appartient à chaque indivu. Mais personnellement, nous ne mettrions pas plus de 10 pour cent de notre capital d'investissement dans les cryptos.

Pour un investisseur débutant en cryptos, une approche pourrait être de choisir d'investir dans quelques-unes des principales monnaies. Nous discutons de certaines des cryptomonnaies les plus importantes et populaires dans le Chapitre 6. Les investisseurs avancés pourraient également examiner d'autres pièces, plus spéculatives, mais nous recommandons d'effectuer des recherches approfondies sur une pièce avant d'y prendre position. Dans les Chapitres 10 et 11, nous discutons de ce qu'il faut rechercher lors de la sélection des pièces et comment trouver les meilleures pièces.

Comment sont déterminés les prix des cryptomonnaies ?

À l'heure actuelle, plus de 23 000 cryptomonnaies sont en circulation. Les monnaies les plus importantes — souvent les monnaies natives d'un projet dans la cryptosphère — sont échangées 24/7 sur de grandes plateformes d'échange centralisées comme Binance et Coinbase. Les monnaies moins connues sont échangées sur de plus petites plateformes décentralisées où la liquidité est souvent nettement inférieure.

Ici aussi, la comparaison avec les actions est facile à faire, les plus grandes cryptomonnaies sont comparables aux actions cotées sur le S&P 500, les pièces plus petites et émergentes aux actions cotées sur des indices de moyennes capitalisations, et les nouvelles pièces encore inconnues aux penny stocks. Ces trois catégories ont leurs avantages et inconvénients, la règle générale étant que plus la pièce est petite et inconnue, plus l'investissement est risqué — mais le potentiel de rendement sur investissement (ROI) est aussi élevé.

Principaux facteurs fondamentaux déterminant les prix des cryptos

Comme pour de nombreuses entreprises technologiques, les prix des cryptos sont en grande partie déterminés par leurs perspectives (perçues). Pour évaluer les chances du projet crypto auquel une pièce est attachée, il vous faut donc vous familiariser avec le projet. Cela ne signifie pas que vous devez comprendre chaque aspect de la technologie sous-jacente, mais cela signifie formuler et répondre à des questions comme :

- Quels sont les cas d'utilisation du projet ?
- Quel est le potentiel de croissance ?

- Quel problème le projet essaie-t-il de résoudre ?
- Quels sont les projets similaires et comment le projet se compare-t-il à ses concurrents ?
- Qui est derrière la pièce ?
- Combien de pièces sont déjà en circulation ?
- Quel est le calendrier d'approvisionnement de la pièce ?
- Quels sont les principaux moteurs des développements récents de prix

S'il est difficile de répondre à ces questions, soyez prudent avant de prendre position. Il est toujours possible de prendre un risque calculé, à condition de reconnaître qu'une pièce peut aussi chuter à zéro.

Un facteur important pouvant entraîner une hausse du prix d'une crypto est la popularité du secteur dans lequel elle opère. Un des exemples est celui de la finance décentralisée (comme les plateformes de prêt peer-to-peer et les échanges cryptos décentralisés), un secteur qui a connu une croissance énorme ces dernières années. De ce fait, les tokens de projets de DeFi tels que Compound, Aave, Uniswap, SushiSwap, etc., ont vu leur valeur grimper. Un autre exemple est celui du marché des NFT (Non-Fungible Token) qui a explosé début 2021, entraînant une flambée des monnaies natives des projets du secteur des NFT.[17]

Ces dernières années, les évolutions réglementaires ont également joué un rôle de plus en plus important sur le marché des cryptos. Une réglementation accrue est généralement bien accueillie par les initiés du secteur crypto, mais des mesures anti-cryptos (comme celles prises de plus en plus par la Chine, par exemple) peuvent avoir un impact négatif fort — bien que généralement temporaire — sur les prix des cryptos.[18]

---

17 En mars 2021, 69 millions de dollars ont été payés pour un NFT d'une œuvre de l'artiste Beeple.

18 Par exemple, le prix du Bitcoin a chuté de 20 pour cent en juin 2021 à la suite d'une répression chinoise sur les entreprises de minage de Bitcoin et de l'interdiction pour les banques chinoises de faciliter les transactions de cryptomonnaies.

L'étude de l'impact des facteurs externes tels que la réglementation, les évolutions du marché et l'économie sur les prix des cryptos est appelée analyse fondamentale. Nous en discuterons plus en détail dans le Chapitre 13.

L'analyse technique étudie les évolutions passées des prix dans le but de prédire les futurs. Les investisseurs sont souvent sensibles à des indices de prix psychologiques et à des niveaux qui ont précédemment marqué la fin d'un mouvement, connus sous le nom de niveaux de support et de résistance. Dans le Chapitre 14, nous examinerons de plus près l'analyse technique.

Propre au marché des cryptos, l'utilisation de l'analyse dite « on-chain » examine les données on-chain pour répondre à des questions telles que : quels types d'investisseurs sont actifs sur le marché crypto et que font-ils ? Vous pouvez voir, par exemple, si le nombre de baleines (grands investisseurs) augmente ou diminue, si le nombre des échanges de cryptos envoyé vers les portefeuilles augmente ou diminue, etc. Dans le Chapitre 15, nous approfondirons l'analyse on-chain.

4

Crypto FAQ

Lors des discussions sur les cryptomonnaies, les personnes intéressées par le trading de crypto nous posent souvent les mêmes questions. Dans ce chapitre, nous répondrons aux questions les plus fréquemment posées pour vous aider à démarrer rapidement.

Comment et où dois-je commencer si je veux trader des cryptos ?

Avant de commencer à trader, plongez-vous d'abord dans le sujet. Cela peut sembler évident, mais de nombreux débutants se lancent dans le trading de cryptos avec beaucoup d'enthousiasme et très peu de connaissances. Ils déposent quelques centaines de dollars (ou plus) sur une plateforme d'échange de cryptos et commencent à acheter et vendre n'importe quelle monnaie qui semble un tant soit peu intéressante, pour voir une grande partie de leur investissement s'évaporer en quelques semaines - et parfois bien plus tôt.

Ne soyez pas ce débutant.

Lisez d'abord ce livre attentivement, puis choisissez une plateforme d'échange de cryptos fiable et commencez à trader avec de petites sommes et de petites positions, en élargissant progressivement votre portefeuille à mesure que vous gagnez en expérience.

Pour acheter des cryptos, vous devez créer un compte sur une plateforme d'échange de cryptos. Gardez à l'esprit qu'en raison des réglementations « Know Your Customer », la plupart des plateformes demanderont des données d'identification. Sur cryptoforambitiousbeginners.com, vous pouvez trouver une liste de plateformes d'échange de cryptos fiables.

Si vous souhaitez trader activement des cryptos sans nécessairement posséder des cryptos, vous pouvez également opter pour un courtier CFD. CFD signifie contrat de différence ; en d'autres termes, au lieu d'acheter l'actif directement, vous réglez simplement la différence de prix entre l'ouverture et la clôture de la position. Les courtiers CFD vous permettent souvent de trader avec un effet de levier, ce qui signifie que vous pouvez contrôler plus de capital avec moins d'investissement. La plupart des courtiers CFD proposent également un compte de démonstration, vous permettant de tester des stratégies de trading sans prendre de risque immédiat avec votre propre argent. Cryptoforambitiousbeginners.com propose également une liste de courtiers CFD fiables qui offrent le trading de cryptomonnaies ainsi que d'actions, de matières premières et de devises traditionnelles.

Où puis-je trouver des informations sur les cryptos ?

Coinmarketcap.com, C'est un site indispensable pour tout trader de cryptos car il offre un aperçu de toutes les cryptomonnaies. Vous y trouverez des informations sur les prix actuels, les capitalisations boursières et les volumes d'échanges. Chaque monnaie a sa propre page de profil avec des informations sur le type de monnaie, les développeurs, ce qui distingue la monnaie de la concurrence, etc. Coinmarketcap propose également une application.

Coindesk.com et Cointelegraph.com sont les plus grands et meilleurs sites d'actualités concernant les cryptos.

Coingecko.com, tout comme coinmarketcap.com, offre un aperçu de toutes les monnaies. De plus, il propose un agrégateur d'actualités pour les cryptos très pratique à propos des cryptos les plus importantes. Il propose également une application.

Cryptopanic.com est une autre belle plateforme où toutes les actualités cryptos sont rassemblées.

Peut-on aussi investir à long terme dans les cryptos ?

Absolument ! Tout comme les actions, vous pouvez acheter et conserver des cryptos sur le long terme. Et bien que vous ne puissiez pas obtenir de dividende sur les cryptos, vous pouvez gagner des intérêts sur de nombreuses cryptomonnaies en les stakant (voir Chapitre 12). Et bien sûr, l'augmentation annuelle moyenne de la valeur peut être significative à long terme. Lorsque vous décidez de conserver une monnaie pour une période plus longue (HODL), vous êtes également moins sensible à la volatilité des prix à court terme si courante sur le marché des cryptos.

L'une des façons de réduire l'impact de la volatilité du marché en tant que trader à long terme est d'utiliser la stratégie de « moyenne des coûts en dollars » (DCA), c'est-à-dire étaler votre investissement total sur une période plus longue afin de réduire l'impact de la volatilité (plus d'informations sur le DCA dans le Chapitre 19).

Puis-je obtenir un bon rendement même avec peu de risques ?

La règle générale pour tous les investissements est : plus le risque est élevé, plus le potentiel de rendement est important, et il n'existe aucun rendement sans risque. Même une obligation du gouvernement américain n'est pas sans risque à cent pour cent.

La conclusion est que si vous êtes généralement réticent au risque, le trading de cryptos n'est probablement pas pour vous, car bien que les cryptos offrent de grandes opportunités, il reste un investissement volatil à haut risque.

Cela ne signifie pas que vous ne pouvez pas réduire le risque. Vous pouvez, par exemple, limiter votre exposition en n'allouant que quelques pourcents de votre portefeuille d'investissement total aux cryptos. Investir la majeure partie de vos fonds cryptos dans des monnaies établies comme le bitcoin, l'ethereum, l'ADA, etc., aide également à réduire votre prise de risque (par opposition au fait de tout mettre dans des monnaies plus récentes, non éprouvées). Enfin, au Chapitre 20, nous discuterons de plusieurs stratégies d'options qui vous permettent de réduire votre exposition.

Comment sélectionner une bonne cryptomonnaie ?

Si vous souhaitez principalement investir dans le Bitcoin, cette question peut être moins importante. Cependant, si vous souhaitez investir activement dans des monnaies qui ont le potentiel de multiplier leur valeur par 10 en peu de temps, vous devez être capable de distinguer les monnaies qui ont vraiment le potentiel de s'envoler de celles qui ne sont que du vent.

Nous vous recommandons de toujours vous informer sur une monnaie avant de commencer à la trader, comme vous le feriez avec des actions. Posez-vous les questions suivantes : Quel type de projet est-ce ? Qu'est-ce qui rend cette monnaie intéressante ? Qui est derrière ? Combien de monnaies ont déjà été préminées ? Toutes ces questions sont importantes lors de la sélection d'une cryptomonnaie prometteuse.

Dans le Chapitre 6, nous discutons des dix cryptomonnaies les plus grandes et populaires. Dans les Chapitres 10 et 11, nous approfondirons le processus de sélection des monnaies.

Puis-je également générer un revenu passif avec les cryptomonnaies ?

Il existe plusieurs façons de générer un revenu passif avec les cryptomonnaies. La plus simple est par le biais du staking, c'est-à-dire en engageant des monnaies dans un pool de staking qui aide à vérifier et sécuriser les transactions, en échange de quoi vous recevez une récompense sous forme de monnaies. Cette récompense peut atteindre des dizaines de pourcents d'intérêt par an (souvent appelé APY, ou rendement annuel en pourcentage). Toutes les monnaies ne sont pas éligibles au staking, seulement celles qui utilisent le mécanisme de consensus de preuve d'enjeu pour valider les transactions le sont. On citera des exemples tels que BNB, Cardano, Polygon, VeChain, Polkadot et Tron, entre autres.

Vous pouvez également utiliser vos monnaies pour le liquidity mining, c'est-à-dire fournir de la liquidité aux échanges décentralisés (DEX) en déposant deux cryptomonnaies différentes, par exemple ether et bitcoin, dans un pool de liquidité. En retour, vous recevez une partie des frais de transaction générés par le pool.

Il est aussi possible de prêter vos monnaies avec intérêt via des plateformes de prêt peer-to-peer comme Compound et Aave. Nous examinerons de plus près le staking, le liquidity mining et le prêt peer-to-peer dans le Chapitre 12.

Puis-je acheter moins d'un bitcoin ?

Absolument. La plus petite unité de bitcoin, appelée satoshi, représente 1/100 millionième d'un bitcoin. En d'autres termes, si la valeur d'un bitcoin atteignait 100 000 000 $, 1 satoshi coûterait seulement 1 $.

Quelle est la différence entre les cryptomonnaies et les actions ?

Une action est une part d'une entreprise. Par conséquent, lorsque vous achetez une action Amazon, vous devenez partiellement propriétaire d'Amazon. Vous recevez une part proportionnelle du bénéfice (dividende) et vous avez souvent également des droits de vote lors des assemblées d'actionnaires.

Lorsque vous achetez une cryptomonnaie, vous ne devenez pas propriétaire de l'entreprise ou du projet qui émet cette cryptomonnaie. Vous n'avez pas droit aux dividendes et vous n'avez pas non plus de droits de vote, sauf si le projet le stipule explicitement. Cependant, comme mentionné précédemment (et discuté au Chapitre 12), vous pouvez générer des revenus passifs avec les cryptomonnaies de diverses manières, notamment via le staking, qui présente de fortes similitudes avec les dividendes.

Une autre différence majeure entre les actions et les cryptos est que les actions ont une valeur intrinsèque, basée sur la valeur des actifs sous-jacents de l'entreprise, ses flux de trésorerie, son potentiel de bénéfices, etc., tandis que les cryptomonnaies n'en ont pas. La valeur d'une cryptomonnaie est uniquement déterminée par l'offre et la demande. Il n'y a pas de valeur minimale.

Est-ce qu'une monnaie peut tomber à zéro ?

Oui.

Une monnaie peut chuter à zéro, tout comme n'importe quel autre investissement. Au moment de la rédaction de cet ouvrage, il y a plus de 16 000 cryptomonnaies négociables, dont beaucoup finiront par chuter à zéro.

Les monnaies sans valeur sont aussi parfois appelées « shitcoins » ou « dead coins ». Sur les sites web deadcoins.com et coinopsy.com, vous trouverez une liste exhaustive de monnaies devenues « défuntes », de projets ayant échoué ou s'étant avérés être des arnaques.

Les cryptomonnaies sont-elles valables partout ?

Au moment de la rédaction de ce livre, il n'y a qu'un seul pays où le bitcoin est une monnaie légale : le Salvador. Cependant, bien que le bitcoin ne soit pas encore une monnaie légale ailleurs, les cryptomonnaies sont en hausse dans de nombreux pays.

En même temps, alors que les pays occidentaux tels que les États-Unis, le Canada et l'Union européenne penchent de plus en plus vers la régulation, des régimes plus autoritaires comme la Chine, la Russie et la Turquie répriment de plus en plus les cryptomonnaies. Ce n'est pas surprenant, car les cryptomonnaies représentent une menace pour le pouvoir étatique.

Plusieurs pays en développement voient également les cryptomonnaies d'un bon œil. Une des raisons est que les cryptomonnaies (notamment les stablecoins) pourraient contribuer à créer une monnaie plus stable. Les cryptos pourraient également augmenter l'accès au système financier pour les personnes dites « non bancarisées », car elles possèdent souvent un téléphone portable.

Un autre développement intéressant concerne les Monnaies Numériques de Banque Centrale (MNBC), c'est-à-dire les cryptomonnaies créées et contrôlées par les banques centrales. Plusieurs grandes banques centrales, dont la Réserve fédérale, la Banque centrale européenne et la Banque centrale chinoise, étudient actuellement ce concept. Bien que techniquement elles ne soient pas de « vraies » cryptomonnaies (car elles ne sont pas décentralisées), les MNBC ont probablement plus de chances d'être acceptées comme monnaie légale dans de nombreux pays que leurs cousines décentralisées (car elles sont contrôlées par le gouvernement). Nous discuterons davantage des MNBC au Chapitre 8.

Mais même si les cryptos ne sont pas une monnaie légale, vous pouvez facilement convertir les cryptos en monnaies traditionnelles de nos jours grâce aux cartes de débit crypto. Nous en parlerons plus en détail dans le prochain chapitre.

5

Comment dépenser et stocker en toute sécurité vos cryptomonnaies ?

L'une des caractéristiques les plus importantes des cryptomonnaies est qu'elles sont échangées sans l'intervention d'une partie centrale. En d'autres termes, lorsque la personne A effectue un paiement en bitcoins à la personne B, il n'y a pas de banque ni d'autorité centrale impliquée ; la transaction est simplement envoyée à la blockchain, où elle est vérifiée par des mineurs. Si la transaction est approuvée, elle est ajoutée à un bloc et le bitcoin est ajouté à l'adresse Bitcoin de la personne B et déduit de l'adresse Bitcoin de la personne A.

Mais bien que ce soit formidable de ne plus avoir besoin de banques ou d'autres institutions financières pour faciliter les paiements numériques, vous ne pouvez pas non plus déposer vos cryptomonnaies sur un compte bancaire (du moins pour l'instant).[19] Et même si vous le

19 Les entreprises où les actifs numériques peuvent être stockés en toute sécurité ont connu une croissance rapide ces dernières années. Cependant, ces services de garde de cryptomonnaies sont toujours principalement destinés aux grands investisseurs. Nous nous attendons à ce que ces services soient de plus en plus proposés aux petits investisseurs en cryptomonnaies dans les années à venir.

pouviez, elles ne seraient toujours pas assurées par la Federal Deposit Insurance Corporation (FDIC), qui assure les dépôts bancaires jusqu'à 250 000 $, car les cryptomonnaies ne sont pas considérées comme des monnaies (pour l'instant).

Il y a aussi très peu de protection légale. Si la bourse où vos bitcoins sont stockés est piratée vous n'avez aucune chance. Et bien que la chance qu'une bourse plus grande comme Binance ou Coinbase soit piratée, soit très faible de nos jours, elle n'est pas nulle.[20]

Ce que tout cela signifie, en termes simples, c'est que vous êtes votre propre banque. Vous êtes responsable de stocker et de protéger vos cryptomonnaies.

Si votre portefeuille est piraté, vous perdez votre crypto. Si vous perdez votre clé privée, vous perdez votre crypto. Si vous envoyez des bitcoins à une adresse ether, vous perdez votre crypto.

Il est donc déconseillé de conserver toute votre crypto dans un seul échange. Mieux vaut la répartir, et le mieux à faire est de conserver la majorité de votre crypto dans un portefeuille hors ligne (matériel) comme Ledger ou Trezor.

Pour effectuer une transaction en cryptomonnaie, vous avez besoin de deux clés : une *clé publique* et une *clé privée.*

La *clé publique* est votre « adresse » de cryptomonnaie, comparable à un compte bancaire. Vous pouvez partager cette adresse pour recevoir des paiements. (Gardez à l'esprit que vous aurez besoin d'une adresse différente pour chaque crypto. Comme mentionné précédemment, vous ne pouvez pas recevoir de bitcoins sur une adresse ether, ou recevoir d'ADA sur une adresse BNB, etc.)

La *clé privée* est comparable à un code PIN et vous permet d'exécuter des transactions sur une adresse spécifique. Vous ne devez jamais partager votre clé privée.

---

20 Considérez simplement la faillite de FTX, la troisième plus grande bourse de cryptomonnaies en termes de volume, en novembre 2022.

Les portefeuilles crypto

Les cryptomonnaies sont stockées sur un portefeuille numérique. Pour être plus précis ; les clés privées qui vous donnent accès à vos adresses crypto sont stockées sur un portefeuille numérique. (Votre solde crypto n'est essentiellement rien d'autre qu'un nombre lié à un autre nombre, l'adresse crypto.) Lorsqu'un portefeuille est accessible en ligne, on l'appelle un portefeuille chaud (*hot wallet*). Un portefeuille accessible uniquement hors ligne est appelé portefeuille froid (*cold wallet*).

Les portefeuilles logiciels (hot wallets)

Les portefeuilles logiciels sont disponibles sous trois formes : portefeuilles de bureau, portefeuilles mobiles et portefeuilles en ligne. La plupart des portefeuilles logiciels sont chauds car ils sont connectés à Internet d'une manière ou d'une autre.

Un *desktop wallet* est un programme informatique qui vous permet de stocker des clés crypto privées sur un ordinateur portable ou un PC. C'est raisonnablement sécurisé, mais gardez à l'esprit que dès qu'un ordinateur est en ligne, il peut aussi être piraté.

Un *mobile wallet* est une application sur laquelle vous pouvez stocker les clés privées qui vous donnent accès à vos adresses crypto. C'est super pratique, mais les téléphones sont vulnérables aux piratages et ce n'est donc pas le meilleur endroit pour stocker des clés privées donnant accès à (de grandes sommes de) cryptomonnaies.

Un *online wallet* est un portefeuille que vous conservez sur un site web, par exemple sur une plateforme d'échange de cryptomonnaies. Si vous souhaitez trader activement des cryptomonnaies, il est utile de conserver un peu de cryptos sur une plateforme d'échange (cependant, cela n'est pas nécessaire si vous tradez des cryptos via des CFDs ; nous en parlerons davantage dans le Chapitre 10).

À notre avis, garder des soldes de cryptos modestes sur certaines des plus grandes plateformes d'échange de cryptos n'est pas un problème, surtout si vous êtes un trader actif. Cependant, nous recommandons de répartir vos fonds de trading actif sur plusieurs plateformes d'échange, et aussi de conserver hors ligne les soldes de cryptos que vous avez l'intention de conserver à long terme.

Les portefeuilles matériels (cold wallets)

Un portefeuille matériel est un dispositif physique, ressemblant souvent à une clé USB, conçu pour stocker de manière sécurisée les clés privées de vos cryptomonnaies hors ligne. Puisque ces portefeuilles ne sont pas connectés à internet, ils demeurent à l'abri des tentatives de piratage en ligne.

Lorsque vous souhaitez effectuer une transaction avec votre cryptomonnaie, vous connectez votre portefeuille matériel à un ordinateur ou un smartphone, vous vous authentifiez, puis initiez la transaction. Une fois la transaction terminée, vous pouvez déconnecter le portefeuille matériel, et il retourne à son état sécurisé hors ligne.

Pour les individus souhaitant détenir des cryptomonnaies comme investissement à long terme, les portefeuilles matériels sont généralement recommandés car ils offrent une sécurité supérieure par rapport aux portefeuilles en ligne. Des marques notables produisentnt ces portefeuilles telles que Ledger et Trezor. Chacune a son propre ensemble de fonctionnalités, d'interfaces utilisateur et de cryptomonnaies prises en charge, donc les utilisateurs choisissent souvent en fonction de leurs besoins et préférences spécifiques.

Les cartes de débit crypto

Bien sûr, en plus de négocier des cryptomonnaies, vous pouvez également les dépenser. Un nombre croissant de vendeurs permet déjà aux clients de payer directement avec des cryptomonnaies, mais la grande majorité ne le permet pas (encore). Dans ce cas, les cartes de débit crypto sont une solution.

Les cartes de débit crypto fonctionnent de la même manière que les cartes de crédit telles que Mastercard et VISA, sauf que vous ne pouvez pas être à découvert avec ces cartes.

Elles fonctionnent comme suit : vous transférez une somme de cryptomonnaie sur le compte associé à la carte. Lorsque vous voulez acheter quelque chose ou retirer de l'argent d'un distributeur automatique, vous chargez simplement des cryptomonnaies depuis votre compte sur votre carte, qui convertit ensuite vos cryptomonnaies dans la devise traditionnelle associée à la carte. Vous pouvez utiliser les cartes de débit crypto partout où les cartes VISA et MasterCard sont acceptées, en d'autres termes, pratiquement partout dans le monde.

Exemple : Supposons que vous ayez 0,1 BTC dans votre portefeuille crypto à un prix de 30 000 $. Si vous convertissiez 0,05 BTC sur votre carte de débit à ce moment-là, votre carte serait créditée de 1 500 $. Toute dépense effectuée avec votre carte de débit serait déduite de son solde de 1 500 $. Les 0,05 BTC restants dans votre portefeuille crypto ne seraient pas touchés.

Il existe de nombreuses cartes de débit crypto en circulation aujourd'hui. Nous vous recommandons de choisir l'une des plus grandes entreprises qui ont prouvé leur fiabilité et leur amabilité envers les clients. Un autre critère important est la facilité d'utilisation. Recherchez également les programmes de cashback que certaines entreprises de cartes de débit crypto offrent, qui vous récompensent avec un nombre x de tokens pour chaque transaction effectuée avec leur carte. Cela peut s'accumuler avec le temps.

Ci-dessous, nous discutons brièvement de quatre cartes avec lesquelles nous avons eu de bonnes expériences : Crypto.com, Wirex, Revolut, la carte Binance et Nexo.

Crypto.com

Fondée en 2016 et basée à Hong Kong, Crypto.com est une plateforme d'échange de cryptomonnaies qui propose également une carte de débit crypto en partenariat avec VISA. Ainsi, vous pouvez échanger des cryptos sur Crypto.com puis dépenser directement vos fonds avec sa carte.

Il existe une application pour Android et iPhone. Une caractéristique pratique est que le portefeuille vous permet de détenir plus de 80 cryptomonnaies différentes que vous pouvez convertir en sept devises traditionnelles, dont le dollar et l'euro.

Crypto.com propose cinq différents types de cartes. Plus votre niveau est élevé, plus vous bénéficiez de privilèges et plus le montant que vous pouvez retirer des distributeurs automatiques gratuitement est important. Il n'y a pas de frais mensuels, ni de frais de transaction à notre connaissance pour les achats effectués.

La carte la moins chère est gratuite. Elle offre un cashback de 1% en tokens CRO, la monnaie native de Crypto.com. Vous n'avez pas besoin de miser des CRO pour obtenir cette carte.

La carte argentée offre un cashback de 2% en tokens CRO. De plus, vous pouvez obtenir Spotify gratuitement. Pour être éligible à cette carte, vous devez miser (détenir) 2 500 CRO sur une période de 180 jours.

Si vous misez 25 000 CRO pendant 180 jours, vous obtenez 3% de cashback et recevez Netflix gratuitement en plus de Spotify.

Globalement, la carte de débit de Crypto.com offre, à notre avis, une bonne expérience utilisateur.

Wirex

Wirex est une entreprise FinTech britannique fondée en 2015. Elle s'est associée à VISA et Mastercard. Vous pouvez lier plus de dix devises traditionnelles à la carte Wirex. Vous pouvez convertir environ dix cryptomonnaies sur Wirex, ce qui la rend un peu plus limitée que crypto.com.

Le Wirex Token (WXT) est un token utilitaire natif qui accorde à ses détenteurs certains privilèges, tels qu'une réduction des frais ou un cashback crypto plus élevé si vous payez avec le token Wirex.

Wirex propose trois types de cartes : Standard, Premium et Elite. La carte Standard est gratuite, les autres comprennent des frais mensuels mais offrent également un pourcentage de cashback plus élevé (1% et 2% respectivement, tandis que la carte Standard offre seulement 0,5%).

Wirex est disponible à la fois sur iPhone et Android.

Revolut

Comme Wirex, Revolut est une FinTech britannique fondée en 2015. Revolut propose le trading d'actions, de matières premières et de cryptomonnaies, ainsi que l'envoi économique de fonds dans différentes devises.

Revolut s'est associé à Mastercard et permet des retraits depuis des distributeurs automatiques dans 120 devises différentes et l'envoi de fonds dans une trentaine de devises traditionnelles directement depuis l'application Revolut.

Revolut utilise divers algorithmes pour lutter contre le blanchiment d'argent. Cependant, selon les critiques, il est parfois trop rigoureux, obligeant les clients dont les fonds ont été bloqués à attendre pendant des semaines, voire des mois, avant que les comptes bloqués ne soient à nouveau débloqués.

Binance Visa Card

Binance, la plus grande plateforme d'échange de cryptomonnaies au monde, propose également une carte de débit crypto. Binance s'est associé à Visa pour sa carte.

La Binance Visa Card prend actuellement en charge une dizaine de cryptomonnaies, bien que nous nous attendions à ce que ce nombre augmente. Si vous souhaitez dépenser des soldes de monnaies non prises en charge, vous devrez d'abord les convertir en une des cryptomonnaies prises en charge (comme BNB, BUSD ou BTC) ou dans la principale devise traditionnelle que vous utilisez.

Avec un cashback allant jusqu'à 8% en BNB, le token natif de Binance, le programme de cashback de la carte Binance est l'un des meilleurs.

Niveau 1 - pas besoin de conserver de BNB dans votre portefeuille de carte : 0,1% de cashback en BNB.

Niveau 2 - conservez 1 BNB dans votre portefeuille de carte pendant 30 jours : 2% de cashback.

Niveau 3 - conservez 10 BNB dans votre portefeuille de carte pendant 30 jours : 3% de cashback.

Niveau 4 et plus - conservez entre 40 et 600 BNB dans votre portefeuille de carte pour un cashback augmenté, jusqu'à un maximum de 8%.

Il n'y a pas de frais mensuels associés à la carte, qui peut également être utilisée via l'application Binance.

Nexo

Nexo est une plateforme de DeFi qui vous permet d'emprunter et de prêter des cryptomonnaies. Elle est active depuis 2018, compte plus d'un million d'utilisateurs et a facilité plus de 5 milliards de dollars de paiements.

La particularité de la carte Nexo est que vous n'avez pas à vendre de cryptomonnaies pour effectuer un paiement avec. Au lieu de cela, le paiement est déduit de votre ligne de crédit, que chaque utilisateur Nexo obtient en fonction de son solde crypto chez Nexo. Cependant, vous devez payer des intérêts sur la partie utilisée de votre ligne de crédit.

6

Dix des cryptomonnaies les plus importantes

Dans ce chapitre, nous discuterons de certaines des principales cryptomonnaies pour vous aider à mieux comprendre le marché crypto. Le classement est basé sur la capitalisation boursière totale de chaque cryptomonnaie, c'est-à-dire la valeur totale en dollars de toutes les unités en circulation d'une cryptomonnaie. Vous pouvez trouver le top 10 actuel sur coinmarketcap.com. La liste exacte fluctue, mais la plupart des cryptomonnaies listées ci-dessous ont été parmi les monnaies principales depuis des années.

La liste est la suivante :

1. Bitcoin (BTC)
2. Ethereum (ETH)
3. Tether (USDT)
4. Cardano (ADA)
5. Binance Coin (BNB)

6. XRP (XRP)
7. Chainlink (LINK)
8. Litecoin (LTC)
9. Bitcoin Cash (BCH)
10. Polka Dot (DOT)

Bitcoin (BTC)

Le bitcoin est la plus ancienne et de loin la plus grande cryptomonnaie. Au moment de cette rédaction, Bitcoin a une capitalisation boursière de plus de 684 milliards de dollars à un prix de 36 000 dollars. Le record historique (ATH) en janvier 2022 est de 64 863 dollars, atteint le 14 avril 2021.

Bitcoin a fermement conservé la première position pendant des années, bien que sa dominance sur le marché - la part de Bitcoin dans la valeur marchande totale du marché des cryptomonnaies - ait diminué depuis le début de l'année 2021, passant d'environ 70% à environ 40%.

Bitcoin est une cryptomonnaie « pure », ce qui signifie qu'il ne s'agit pas du token natif d'un projet utilisant la technologie blockchain pour autre chose. Cependant, le bitcoin n'a pas encore connu de succès retentissant en tant que moyen de paiement car le prix du bitcoin est trop volatil et son réseau trop lent et trop coûteux. De plus, ces dernières années, un certain nombre de cryptomonnaies alternatives ont fait leur entrée sur le marché et se sont avérées (beaucoup) plus adaptées comme moyen de paiement.

Au contraire, Bitcoin est de plus en plus considéré comme une réserve de valeur similaire à l'or. C'est l'une des raisons pour lesquelles l'intérêt des investisseurs institutionnels a fortement augmenté ces dernières années. En 2020, par exemple, l'afflux d'argent institutionnel vers la plateforme d'échange crypto Coinbase a triplé, passant de 6 milliards de dollars à 20 milliards en seulement quelques mois.[21]

---

21 dailyhodl.com/2020/11/21/coinbase-executive-reveals-14-billion-burst-of-institutional-capital-entering-bitcoin-and-crypto-markets

De plus en plus de grandes entreprises trouvent également leur chemin sur le marché des cryptomonnaies. MicroStrategy, par exemple, a annoncé en septembre 2020 avoir acheté 38 250 BTC pour 425 millions de dollars, et l'entreprise de paiement mobile Square a investi 50 millions de dollars dans le Bitcoin en octobre 2020. Des entreprises de paiement en ligne comme PayPal et Cash App ont également commencé à offrir la possibilité d'acheter et de vendre des bitcoins.

Ces développements montrent que le Bitcoin est de plus en plus considéré comme un véritable actif. Nous nous attendons à ce que cette tendance se poursuive dans les années à venir.

Ethereum (ETH)

Ethereum, la plus grande altcoin — les cryptomonnaies autres que le bitcoin sont appelées « altcoins » — est depuis longtemps la crypto numéro 2. Au moment de la rédaction de cet article, sa part de la valeur totale du marché des cryptomonnaies est d'environ 20%, soit à peu près la moitié de la part du marché du bitcoin.

Ethereum a été décrit pour la première fois dans un livre blanc en 2013 par le programmeur russo-canadien Vitalik Buterin, qui souhaitait utiliser la technologie de la blockchain pour exécuter diverses autres applications décentralisées dessus (connues sous le nom de « smart contracts »).[22] Le développement de la plateforme a été financé par financement participatif en 2014. La plateforme Ethereum a officiellement été lancée le 30 juillet 2015.

Ethereum est une blockchain décentralisée et open-source avec sa propre cryptomonnaie, appelée Ether. L'objectif d'Ethereum est de devenir une plateforme mondiale pour des applications blockchain dé-

22 ethereum.org/en/whitepaper. Dans le paragraphe d'introduction du document, Buterin écrit : « Ce qu'Ethereum se propose de fournir est une blockchain avec un langage de programmation Turing-complet intégré qui peut être utilisé pour créer des « contrats » pouvant être utilisés pour encoder des fonctions de transition d'état arbitraires, permettant aux utilisateurs de créer n'importe lequel des systèmes décrits ci-dessus, ainsi que beaucoup d'autres que nous n'avons pas encore imaginés, simplement en rédigeant la logique en quelques lignes de code. »

centralisées, les DApps (Decentralized Apps), également connues sous le nom de smart contracts.

Les smart contracts sont des accords écrits en code informatique qui sont automatiquement exécutés lorsque certaines conditions sont remplies. Un des grands avantages de la blockchain Ethereum par rapport à la blockchain Bitcoin est la capacité de la blockchain Ethereum à exécuter ces smart contracts.

Ethereum est une plateforme pour de nombreux projets crypto qui développent des DApps en utilisant le logiciel blockchain open-source d'Ethereum. Et puisque toutes les validations, calculs et exécutions au sein du réseau Ethereum sont payées en Ether, il y a une demande réelle et croissante pour la cryptomonnaie numéro 2.

Selon le site State of the DApps (stateofthedapps.com/dapps), il y a plus de 2 800 applications décentralisées actives au moment de la rédaction de cet article, dont environ 2 000 fonctionnent sur le réseau Ethereum. Parmi les exemples de DApps fonctionnant sur le réseau Ethereum, on peut citer certaines des plus grandes cryptomonnaies, telles que Tether, MakerDAO, Chainlink, Uniswap, Compound, Aave et SushiSwap.

Les DApps d'Ethereum sont utilisés dans divers secteurs, notamment la finance, le jeu, les paris sportifs et les places de marché en ligne.[23] Ethereum est également la plateforme la plus utilisée pour les fameuses *Initial Coin Offerings* (ICO) ; le financement de nouveaux projets par l'émission de nouvelles cryptomonnaies.

Cardano

Le Cardano (ADA) a été fondé en 2017 par Charles Hoskinson et Jeremy Wood (Hoskinson est également l'un des co-fondateurs d'Ethereum). C'est actuellement la sixième plus grande cryptomonnaie au monde et la plus grande cryptomonnaie fonctionnant avec le mécanisme de consensus proof-of-stake (bien qu'Ethereum soit également en train de passer au PoS).

23 stateofthedapps.com/rankings/platform/ethereum

Comme Ethereum, la blockchain Cardano peut être utilisée pour exécuter des contrats intelligents et d'autres applications décentralisées. Les développeurs de Cardano se concentrent principalement sur la perfection de la fiabilité, de la scalabilité et de la durabilité du réseau, et moins sur les aspects fonctionnels.

Cardano est donc considéré comme un réseau hautement fiable. Cardano est considéré comme l'une des blockchains les plus avancées de l'industrie et possède de multiples applications. Il utilise un système à double couche, avec une couche dédiée à l'exécution d'applications décentralisées (DApps) et l'autre à la monnaie native de Cardano, ADA, souvent également appelée Cardano, tout simplement.

Comme mentionné ci-dessus, les transactions en ADA sont validées grâce au mécanisme de consensus proof-of-stake. Les détenteurs de pièces ADA qui coopèrent pour valider les transactions en bloquant (staking) des pièces dans un portefeuille spécial sont récompensés en ADAs.

Binance Coin (BNB)

La Binance Coin, lancée en 2017, est la monnaie native du réseau Binance, qui comprend la plateforme d'échange crypto Binance et la Binance Smart Chain. Le BNB a commencé comme un token standard ERC-20 sur la blockchain Ethereum, mais après le lancement de sa propre blockchain par Binance, le BNB y a été transféré.

La Binance Smart Chain (BSC) est une plateforme blockchain similaire au réseau Ethereum qui peut également exécuter des contrats intelligents. Une différence clé avec le réseau Ethereum, cependant, est que le BSC utilise le mécanisme de consensus Proof-of-Stake depuis le début. Des exemples de grandes applications décentralisées fonctionnant sur le BSC incluent PancakeSwap, Venus et le réseau Autofarm.

Tout comme l'utilisation du réseau Ethereum crée une base d'utilisateurs pour l'ether, l'utilisation de la Binance Smart Chain crée une demande naturelle pour la monnaie native du BSC, le BNB.

Tether (USDT)

Émis par la société Tether Limited basée à Hong Kong, qui est détenue par la plateforme d'échange crypto Bitfinex, et fonctionnant sur la plateforme Ethereum, le tether (USDT) est la plus grande stablecoin en termes de valeur marchande.

Les stablecoins visent à maintenir la volatilité aussi basse que possible et sont de plus en plus utilisées comme mode de paiement ainsi que comme refuge stable pour placer des fonds crypto. TLe tether est adossé à la valeur du dollar américain. L'ancrage est assuré en maintenant une réserve en dollars correspondant au nombre d'USDT en circulation.

Il y a eu quelques controverses au fil des ans concernant la fiabilité des affirmations de Tether à propos de leurs réserves en USD. Sous l'effet de cette controverse, le prix de l'USDT est tombé à 0,88 $ à un moment donné. L'USDT fluctue généralement autour de 1 $.

Certains ont également exprimé des préoccupations quant au fait que les réserves de tethers n'ont jamais été entièrement vérifiées par un tiers indépendant. Depuis mars 2021, Tether publie une ventilation trimestrielle de ses réserves.[24] La ventilation montre que la majeure partie des réserves est détenue en billets à ordre.

Pour les traders et investisseurs en crypto, un usage pratique majeur de l'USDT est qu'il permet de réaliser des bénéfices sur les investissements en cryptos sans avoir à utiliser une monnaie traditionnelle pour maintenir la valeur du profit stable.

Certains pensent que les stablecoins pourraient rivaliser avec les monnaies traditionnelles dans un avenir pas trop lointain, ce qui donne lieu à des préoccupations concernant les risques systémiques que cela pourrait poser à l'économie dans son ensemble. Pour cette raison, les régulateurs financiers appellent à une meilleure régulation des stablecoins.[25]

---

24 tether.to/tether-releases-breakdown-of-its-reserves

25 reuters.com/world/us/us-treasury-issue-stablecoin-report-paving-way-new-rules-2021-11-01/

XRP

Le XRP est la monnaie native de RippleNet, une plateforme de paiement numérique pour les institutions financières et qui est détenue par Ripple. XRP est également appelé Ripple, mais c'est techniquement incorrect.

Le XRP a été lancé en 2013 avec pour objectif de faciliter les paiements internationaux rapides et bon marché grâce à un système sans confiance. Comme le bitcoin, le XRP utilise une base de données de grand livre distribué, le grand livre XRP, qui est maintenu par la communauté mondiale XRP.

Mais il existe également des différences importantes avec l'architecture du Bitcoin. Tout d'abord, XRP n'utilise pas le minage ; toutes les 100 milliards de pièces XRP ont été préminées dès le début (de celles-ci, environ 46 milliards sont actuellement en circulation). Et au lieu de Proof-of-Work, XRP utilise un mécanisme de consensus basé sur le modèle Federated Byzantine Agreement (FBA).

Une autre différence clé est que le réseau Ripple utilise un réseau d'entreprises de confiance appelées Ripple Gateways pour surveiller l'accès à RippleNet. Ceci, combiné au fait que RippleNet est possédé et exploité par une entreprise à but lucratif (Ripple), a amené certains à soutenir que le XRP est trop centralisé pour être considérée comme une « véritable » cryptomonnaie.

Ironiquement, le caractère le plus centralisé du XRP semble également le rendre plus digne de confiance aux yeux des institutions financières traditionnelles, comme en témoigne le fait que des centaines d'institutions financières dans plus de 55 pays utilisent désormais la plateforme RippleNet. Un exemple de cela est le service de paiement international à faible coût appelé One Pay FX que Ripple a aidé à développer pour la banque espagnole Banco Santander. Bank of America et American Express font également partie des clients de Ripple.

D'autre part, la structure centralisée de Ripple et le fait que son réseau soit détenu par une entreprise à but lucratif ont également conduit à des démêlés juridiques avec la Securities and Exchange Commission (SEC) américaine ces dernières années. Le fait que le XRP reste néanmoins une cryptomonnaie populaire et que les principales institutions financières continuent d'utiliser RippleNet souligne la valeur ajoutée que le réseau apporte apparemment au monde financier.

Chainlink (LINK)

Chainlink (LINK) est un réseau oracle décentralisé qui permet la livraison de données du monde réel, hors chaîne, aux contrats intelligents tels que les applications de finance décentralisée. La plupart de ces applications de DeFi utilisent la plateforme Ethereum. Le token LINK, lancé en 2017, est également basé sur Ethereum.

Le réseau Chainlink est considéré comme un maillon important dans le monde de la cryptomonnaie car il fournit un réseau décentralisé de connexions entre les sources de données externes et les contrats intelligents de la blockchain qui ont besoin de données externes fiables pour fonctionner correctement.

En d'autres termes, les réseaux blockchain eux-mêmes n'ont pas accès aux données hors de leur réseau, connues sous le nom de données hors chaîne. Chainlink facilite le transfert de données de sources externes hors chaîne vers des contrats intelligents sur chaîne via des points de connexion décentralisés et fiables.

L'importante position de Chainlink dans la cryptosphère est attestée par la longue liste de partenaires qui travaillent avec Chainlink, dont Binance, Kraken, Huobi, Polkadot, Synthetix, SWIFT et Google. Chainlink a également des partenariats avec Intel et Deutsche Telekom.

Litecoin (LTC)

Le litecoin, développé en 2011, est considéré comme le premier altcoin réussi. On l'a également appelé le petit frère du bitcoin, et « l'argent par rapport à l'or de Bitcoin ».

L'objectif avec le litecoin était d'apporter une cryptomonnaie plus rapide et moins chère sur le marché. Comme le bitcoin, le litecoin vise principalement à transférer rapidement et en toute sécurité de la valeur numérique de pair à pair grâce à un système sans confiance.

Litecoin a développé de nombreuses nouvelles fonctionnalités, dont le Lightning Network (transactions plus rapides) et Segregated Witness (plus de transactions par bloc) ; des technologies innovantes qui ont ensuite été également adoptées par Bitcoin.

Comme Bitcoin, le code Litecoin prévoit un nombre fini de pièces (84 millions dans le cas du litecoin), le nombre de nouvelles pièces introduites diminuant de plus en plus avec le temps. Cela crée une rareté, ce qui à son tour soutient la valeur du litecoin.

Bitcoin Cash (BCH)

Bitcoin Cash a été créé le 1er août 2017, à la suite d'une scission dure avec Bitcoin.[26]

La raison de cette scission était un désaccord au sein de la communauté Bitcoin concernant la scalabilité de Bitcoin, compte tenu de la petite taille de bloc de bitcoin d'1 Mo. La taille de bloc de BCH était initialement de 8 Mo mais a été portée à 32 Mo en mai 2018. Quiconque possédait du Bitcoin au moment de la scission dure (bloc 478,558) a également reçu automatiquement du Bitcoin Cash.

En plus de la taille de bloc plus grande, le BCH est également beaucoup moins cher à envoyer que le BTC. Les frais très bas rendent le BCH beaucoup mieux adapté pour les petits paiements.

---

26 Une scission dure (ou « hard fork ») est un changement fondamental dans le protocole de la blockchain qui crée une nouvelle blockchain parallèlement à l'ancienne. Les détenteurs de jetons dans l'ancienne blockchain reçoivent automatiquement des jetons dans la nouvelle blockchain également. Les mineurs doivent choisir quelle blockchain ils continuent de valider. Des exemples de scissions dures incluent Bitcoin Cash, Bitcoin SV et Ethereum Classic.

À part les différences mentionnées ci-dessus, Bitcoin et Bitcoin Cash sont très similaires. La vitesse de transaction de BCH de 10 minutes, qui est lente comparée à de nombreuses cryptomonnaies plus récentes, est également similaire à celle du BTC.

Polkadot (DOT)

Polkadot, lancé mi-2020, est l'une des cryptomonnaies les plus récentes.

Polkadot vise à permettre à différentes blockchains d'utiliser la sécurité et la précision de la blockchain principale de Polkadot, appelée Relay Chain. Cela facilite la maintenance d'une blockchain privée de manière sécurisée et efficace et facilite également l'échange d'informations avec d'autres blockchains privées et publiques sans compromettre la sécurité de son propre réseau.

Le réseau Polkadot comporte quatre composants principaux :

La Relay Chain : le cœur battant de Polkadot. La Relay Chain aide à établir un consensus, une interopérabilité et une sécurité partagée à travers le réseau de plusieurs chaînes.

Parachains : ce sont des chaînes indépendantes qui peuvent avoir leurs propres pièces et être optimisées pour des cas d'utilisation spécifiques.

Parathread : similaire aux parachains, mais avec une connectivité flexible basée sur un modèle économique à la carte.

Ponts : ces ponts permettent aux parachains et parathreads de se connecter et de communiquer avec des blockchains externes telles qu'Ethereum.

Le DOT est le jeton natif du réseau Polkadot.

7

La finance décentralisée (DeFi)

Les applications de finance décentralisée sont en vogue. Au début de 2020, la valeur totale de la DeFi a dépassé le seuil d'1 milliard de dollars pour la première fois. Un an plus tard, cela avait déjà grimpé à près de 40 milliards de dollars. Et au début de 2022, la valeur totale bloquée des projets de DeFi dépassait les 90 milliards de dollars.

Mais qu'est-ce que la finance décentralisée exactement ?

Les applications de DeFi, ou DApps, sont des contrats intelligents qui fonctionnent sur la blockchain et facilitent les services financiers sans l'intervention d'une partie centrale comme une banque, un courtier ou une autre entité. Des exemples de services financiers facilités de cette manière incluent les prêts et les hypothèques de pair à pair, l'assurance, le financement participatif et le trading de cryptomonnaies via des échanges décentralisés.

La plupart des applications de DeFi fonctionnent sur le réseau Ethereum (open-source). Les tokens de DeFi sont donc principalement basés sur le token ERC-20 d'Ethereum, qui est considéré comme la norme technique de facto pour les contrats intelligents fonctionnant sur la plateforme Ethereum.

Avantages de la DeFi

La DeFi offre de nombreux avantages par rapport aux produits financiers traditionnels proposés par les grandes entreprises comme les banques et les compagnies d'assurance, tels que la flexibilité, l'accessibilité, l'indépendance et le faible coût.

La popularité de la DeFi croît particulièrement rapidement dans les pays en développement, où beaucoup de personnes sont non bancarisées, c'est-à-dire qu'elles n'ont pas de compte bancaire (ou n'y ont pas accès), mais possèdent un smartphone. Et quiconque possède un smartphone peut accéder au marché de la cryptomonnaie, donnant ainsi un accès soudain au système financier aux personnes non bancarisés.

Mais la DeFi offre également des opportunités pour les utilisateurs des pays développés comme par exemple, la possibilité d'obtenir un prêt professionnel ou une hypothèque sans passer par une banque, ou le prêt de fonds en cryptomonnaie à un taux d'intérêt plus avantageux que celui proposé par une banque ; ou encore la possibilité d'assurer vos fonds en cryptomonnaie à moindre coût auprès d'un assureur décentralisé.

Le tableau ci-dessous illustre les différences entre la finance traditionnelle (finance centralisée) et la finance décentralisée.

Finance centralisée	Finance décentralisée
Gérée par des tiers	Gérée par les utilisateurs
Avec permission (les tiers agissent en tant que gardiens, contrôlant qui a accès)	Sans permission (tout le monde peut rejoindre)
Non transparente	Transparente
Moins d'autonomie pour l'utilisateur (la partie centrale gestionnaire a le contrôle sur vos actifs)	Plus d'autonomie

Applications de DeFi populaires

Les possibilités de mise en place de services financiers décentralisés sont infinies. Examinons quelques-unes des applications les plus populaires.

Stablecoins

Une stablecoin est une cryptomonnaie qui vise à maintenir sa valeur aussi stable que possible, souvent - mais pas toujours - en la calquant sur une monnaie traditionnelle comme le dollar américain. Le tether, par exemple, la stablecoin la plus utilisée, est adossé au dollar. Pour y parvenir, Tether Limited, la société derrière le tether, détient des actifs équivalents à la valeur en dollars du nombre de tethers en circulation. Une autre stablecoin importante, le DAI, la stablecoin native de la plateforme de prêt crypto Maker, est également adossé au dollar américain. Cependant, contrairement au tether, le DAI n'est pas soutenu par des actifs libellés en dollars, mais par la valeur en USD du montant d'Ether que les emprunteurs ont mis en garantie dans les contrats intelligents de MakerDAO.

Les stablecoins sont une partie importante de l'écosystème de la DeFi. Elles sont souvent utilisées dans l'exploitation de liquidités (plus à ce sujet au Chapitre 12) et dans les opérations de prêt et d'emprunt au sein de la cryptosphère. Il est également possible de gagner des intérêts avec certaines stablecoins. Un autre avantage est qu'elles peuvent être utilisées comme une alternative aux monnaies fiduciaires, permettant aux utilisateurs de crypto - bancarisés ou non - de maintenir la valeur de leurs fonds en crypto stable sans avoir à recourir aux monnaies traditionnelles.

Étant donné les nombreuses utilisations et avantages des stablecoins, il n'est pas surprenant que l'utilisation des stablecoins ait explosé ces dernières années.

Plateformes de prêt décentralisées

Les plateformes de prêt décentralisées permettent aux utilisateurs d'emprunter et de prêter des cryptomonnaies via des contrats intelligents, c'est-à-dire sans l'intervention d'une banque.

Les emprunteurs de DeFi fournissent une garantie, souvent sous forme d'Ether, et peuvent alors emprunter des stablecoins représentant une portion de cette garantie. Le taux d'intérêt peut être déterminé par l'offre et la demande ou par la communauté de la plateforme de prêt. C'est le cas avec Maker mentionné précédemment, la plus grande plateforme de prêt de DeFi.

Le grand avantage d'emprunter des stablecoins plutôt que de l'Ethereum ou du Bitcoin est que la valeur d'une stablecoin est, tout simplement, stable. En d'autres termes, vous n'avez pas à vous soucier de la volatilité souvent élevée du marché des cryptomonnaies. La valeur de votre prêt reste la même (bien sûr, la valeur de l'Ether mis en garantie peut encore fluctuer). Lorsque la valeur de votre garantie tombe en dessous d'un certain seuil, le prêt est automatiquement liquidé, avec notamment un intérêt pénal ; inutile de dire que les emprunteurs prennent généralement soin de ne pas laisser cela se produire.

Les prêteurs reçoivent bien sûr des intérêts, qui dans certains cas peuvent être assez élevés et sont certainement plus élevés que ce que vous obtenez d'une banque. Cela a du sens, car si vous prêtez des fonds en crypto sur une plateforme de prêt de DeFi, vous agissez essentiellement comme une banque vous-même.

Les plus grandes plateformes de prêt de DeFi, Maker (MKR), Aave (AAVE) et Compound (COMP), font également partie des plus grandes applications de DeFi ; au moment de la rédaction de ce texte, elles représentent environ 40% de la valeur totale de la DeFi sur le réseau Ethereum. Nous discuterons de ces trois plateformes plus en détail, plus loin dans ce chapitre.

Une autre plateforme de prêt intéressante est Yearn.Finance. C'est une plateforme de DeFi plus large que l'on appelle parfois la passerelle vers la DeFi. Yearn.Finance recherche automatiquement le meilleur rendement pour les actifs crypto, que ce soit sur Maker, Aave, Compound ou ailleurs. Elle fournit également un accès et une vue d'ensemble sur d'autres marchés de DeFi où le rendement peut être généré avec des actifs crypto. Si vous êtes intéressé par le yield farming, nous vous recommandons de jeter un œil par vous-même à ce que Yearn.Finance a à offrir.

Échanges décentralisés

Les échanges décentralisés (DEX) permettent aux utilisateurs d'échanger des cryptomonnaies entre eux sans l'intervention d'une autorité centrale. Des exemples d'échanges décentralisés incluent Curve Finance, Uniswap, et SushiSwap.

Des échanges décentralisés comme Uniswap ne sont pas seulement moins chers que les échanges centralisés tels que Coinbase et Binance, mais offrent souvent aussi plus de fonctionnalités. Sur Uniswap, par exemple, les utilisateurs peuvent offrir eux-mêmes des jetons échangeables, tandis que sur un échange centralisé, seuls les jetons soutenus par l'échange peuvent être échangés. Certains échanges décentralisés, tels que SushiSwap, récompensent également les utilisateurs pour la fourniture de liquidité au système.

Assurance décentralisée

L'assurance de DeFi est un sous-secteur émergent dans la DeFi. Elle permet aux investisseurs en cryptomonnaies et aux utilisateurs de contrats intelligents de s'assurer contre les piratages de portefeuilles et la défaillance ou l'utilisation abusive de contrats intelligents grâce à une assurance mutualisée.

L'un des plus grands acteurs de l'assurance de DeFi, Nexus Mutual, a été officiellement lancé en mai 2019 et disposait d'environ 320 millions de dollars d'actifs en juin 2021. Il fonctionne sur la plateforme Ethereum et permet aux membres d'acheter une assurance contre la défaillance d'un contrat intelligent. Seuls les membres peuvent acheter une assurance, mais n'importe qui peut devenir membre (bien que les résidents de quelques pays, dont la Chine et le Japon, étaient encore exclus au moment de l'écriture).

La monnaie native de Nexus Mutual, le NXM, ne peut être achetée que par les membres. Les membres peuvent par la suite soutenir les contrats intelligents qu'ils jugent sûrs, pour lesquels ils reçoivent une récompense. Cependant, lorsqu'un contrat intelligent échoue, une partie des fonds misés peuvent être utilisés pour indemniser les sinistres. Chaque membre est donc également un petit assureur lui-même.

Bien que le jeton NXM lui-même ne soit en vente que pour les membres de Nexus Mutual, les non-membres peuvent toujours échanger le NXM via la fameuse monnaie Wrapped NXM.

Un mot de prudence sur l'investissement en DeFi

La DeFi connaît une croissance vertigineuse, et nous voyons de nombreuses opportunités de réaliser des rendements supplémentaires avec les cryptos grâce à diverses formes de yield farming (nous en parlerons davantage au Chapitre 12). Ceci dit, il est parfois difficile d'avoir un aperçu clair des structures de DeFi, et vous devez vous méfier des « cowboys » qui promettent des rendements astronomiques pour ensuite disparaître avec vos cryptos.

Nous vous recommandons donc de toujours bien étudier toute nouvelle opportunité d'investissement avant d'engager vos cryptos. Par exemple, la fourniture de liquidité (fournir des cryptos à un pool de liquidité sur un échange décentralisé) est actuellement très populaire parmi les investisseurs en crypto à la recherche de profits rapides. Vous pouvez en effet réaliser des rendements élevés en tant que fournisseur de liquidité, mais si vous ne savez pas ce que vous faites et que vous fournissez de la liquidité à un pool composé de deux actifs volatils, vous pourriez facilement être pris dans une fluctuation de prix volatils qui anéantirait tous vos rendements d'intérêts et plus encore. Comme nous l'avons dit, nous aborderons le yield farming plus en profondeur au Chapitre 12.

En bref : Investir dans les startups et projets de DeFi offre certaines des meilleures opportunités et chances d'obtenir des rendements énormes. Mais gardez à l'esprit que c'est également hautement spéculatif, donc sachez dans quoi vous vous lancez.

Principales pièces de DeFi

Dans cette section, nous aborderons une petite sélection des principales pièces de DeFi pour vous donner quelques options afin d'augmenter votre exposition à la DeFi si vous le souhaitez.

Chainlink (LINK)

Chainlink est un réseau décentralisé qui sert de lien entre les smart contracts et les données du monde réel en dehors de la chaîne.

Les blockchains sur lesquelles vivent les smart contracts n'ont normalement pas accès aux données en dehors de leur réseau (connues sous le nom de données hors chaîne) car cela pourrait compromettre la sécurité de la blockchain. Le réseau Chainlink permet aux blockchains d'interagir en toute sécurité avec toutes sortes de flux de données externes, jouant ainsi un rôle crucial dans la cryptosphère.

Wrapped Bitcoin (WBTC)

Le Wrapped Bitcoin vise à permettre l'utilisation du bitcoin sur la blockchain Ethereum.

Le WBTC est un token ERC-20 (ERC-20 est une norme technique importante pour les tokens sur le réseau Ethereum) et est donc compatible avec la blockchain Ethereum et l'écosystème de DeFi en pleine croissance fonctionnant sur le réseau Ethereum. Le WBTC est lié et couvert 1 pour 1 par le Bitcoin lui-même et suit donc également le prix du BTC.

La quantité de WBTC dépend de combien de WBTC sont achetés et vendus. Les WBTC sont créés lorsqu'ils sont achetés et « brûlés » (détruits) lorsqu'ils sont vendus.

Le principal avantage du WBTC est que, en tant que propriétaire de BTC, vous pouvez l'utiliser pour participer à divers services de DeFi afin de générer un revenu passif. Par exemple, vous pourriez prêter du WBTC à Compound via ce qu'on appelle un pool de farming, sur lequel vous recevriez ensuite des intérêts.

Maker (MKR) et DAI

Le MKR est le token de gouvernance du protocole Maker, une plateforme de prêt décentralisée qui gère également la stablecoin DAI.

Lorsque les utilisateurs verrouillent de l'Ether sur la plateforme Maker, ils peuvent créer du DAI en échange. Le DAI est adossé au dollar américain et couvert par la valeur en dollars de l'Ether utilisé comme garantie. Lorsque la valeur de la garantie chute trop, elle est automatiquement vendue.

Étant une stablecoin, le DAI n'est pas intéressant en tant qu'investissement spéculatif, mais il peut servir de refuge pour les investisseurs qui ne veulent pas convertir leurs cryptos en monnaies fiduciaires pendant les périodes turbulentes du marché crypto.

Les détenteurs de MKR ont leur mot à dire sur les conditions de création du DAI. Ils déterminent également combien d'intérêt les détenteurs de DAI reçoivent pour conserver leur DAI sur la plateforme. Cela permet d'influencer la valeur du DAI de manière similaire à celle des banques centrales influençant la valeur relative des monnaies fiduciaires.

Les intérêts payés par les emprunteurs pour emprunter du DAI sont utilisés pour acheter - et ensuite détruire - des tokens MKR. Cela met une pression déflationniste sur la monnaie, ce qui augmente sa valeur.

Le MKR est échangé sur les principales bourses de cryptos telles que Binance, OKEx et Coinbase, entre autres.

Aave (AAVE)

Aave est une plateforme de prêt décentralisée similaire à Maker. Les participants peuvent choisir parmi plus de 20 cryptomonnaies pour emprunter ou pour prêter. Aave est l'un des principaux protocoles de prêt en DeFi en termes de valeur verrouillée, c'est-à-dire combien de cryptos sont engagés sur leur plateforme.

Une différence importante avec Maker est qu'avec Aave, les emprunteurs ont la possibilité de choisir des taux d'intérêt fixes ou variables.

Comme Maker, la pièce Aave est négociable sur les principales bourses de cryptomonnaies telles que Binance, OKEx et Coinbase.

Compound (COMP)

Compound est un autre protocole de prêt en DeFi. Les prêteurs peuvent émettre des prêts en verrouillant leurs actifs cryptographiques dans le protocole. L'intérêt payé et reçu par les emprunteurs et les prêteurs est déterminé en fonction de l'offre et de la demande de chaque cryptomonnaie.

Fait intéressant, à la fois les emprunteurs et les prêteurs reçoivent une récompense sous forme de tokens Compound. Un total de 4,5 millions de Compound seront émis de cette manière. Le site web de Compound détaille le calendrier de distribution.[27] Les investisseurs en crypto peuvent ainsi générer un revenu passif supplémentaire (en plus de l'intérêt qu'ils reçoivent pour avoir verrouillé leur crypto dans le protocole), ce qui est similaire à la réception de dividendes sur des actions.

Uniswap (UNI)

Uniswap est une bourse décentralisée (DEX) qui fonctionne sur le réseau Ethereum. Elle offre une interface simple grâce à laquelle vous pouvez échanger des pièces.

---

27 compound.finance/governance/comp

Le token Uniswap a été créé en septembre 2020 pour récompenser les utilisateurs de la bourse ainsi que les fondateurs et les premiers investisseurs. Un total d'1 milliard d'UNIs ont été créés et seront distribués sur une période de quatre ans.

N'importe quel token ERC-20 peut être proposé sur Uniswap. Faites toujours attention au symbole de la pièce (BTC, ETH, ADA, etc.) que vous souhaitez acheter, car les escrocs essaient parfois d'échanger de fausses pièces dont les noms sont très similaires à ceux des vraies pièces. Les frais de transaction sur les DEX peuvent parfois s'accumuler à cause des frais de gaz (coût de la transaction), surtout pour les pièces moins liquides.

Bien qu'Uniswap dispose d'une interface assez simple, elle peut tout de même être assez difficile pour les investisseurs en crypto qui débutent. Si vous débutez, nous vous recommandons donc de commencer par une bourse centralisée plutôt que par une DEX.

Yearn.Finance (YFI)

Yearn.Finance est une plateforme de DeFi qui offre une gamme d'options, y compris la liquidité agrégée et la création automatisée de marché, en déplaçant des actifs entre des plateformes de prêt comme Aave, Compound, et dYdX.

Yearn.Finance offre aux investisseurs en cryptomonnaie un accès à des mécanismes de gains avancés et à de nouvelles stratégies d'investissement. Par exemple, les investisseurs peuvent déposer des stablecoins telles que DAI, USDC, et USDT sur Yearn.Finance, qui détermine alors automatiquement quelles plateformes de DeFi offrent les rendements les plus élevés.

De plus, les investisseurs en cryptomonnaie qui détiennent des tokens YFI gagnent un pourcentage sur les frais générés par les autres utilisateurs.

Synthetix (SNX)

Synthetix est un protocole de finance décentralisée qui fonctionne sur le réseau Ethereum et vous permet d'obtenir une exposition on-chain à une large gamme d'actifs crypto et non crypto sans réellement posséder ces actifs. Chaque actif synthétiquement créé, ou Synth, est un token ERC20 qui suit le prix de l'actif sous-jacent.[28]

Supposons qu'un euro synthétique soit créé, par exemple, sEUR. Ce token sEUR suit alors le prix de l'euro. Sur la plateforme Synthetix, une grande variété de Synths existe, y compris des monnaies fiduciaires comme le sEUR et le sUSD, des cryptomonnaies (sETH, sBTC), et des matières premières.

Pour les investisseurs, le trading de SNX est intéressant pour plusieurs raisons. D'une part, vous pouvez obtenir une exposition sur le marché croissant des actifs synthétiques. De plus, vous pouvez générer un revenu passif en mettant en jeu le SNX sur la plateforme. Le TAP (Taux Annuel de Pourcentage) pour la mise en jeu de SNX varie, mais peut atteindre des dizaines de pourcents, un taux d'intérêt dont vous pouvez seulement rêver avec la plupart des investissements traditionnels. Bien sûr, les risques sont également plus élevés, car le prix du SNX peut également chuter. Sur le site web de Synthetix, vous pouvez voir le TAP actuel et le montant total mis en jeu.[29]

UMA

UMA est l'acronyme de Universal Market Access, un protocole pensé pour créer des actifs synthétiques sur le réseau Ethereum. Le protocole a été lancé en décembre 2018 par Hart Lambur et Allison Lu, qui se sont rencontrés sur le parquet de trading de Goldman Sachs.

UMA est similaire à Synthetix décrit ci-dessus, sauf que les investisseurs en cryptomonnaie sur Synthetix doivent utiliser le SNX comme garantie, tandis qu'avec UMA (en théorie) pratiquement n'importe quelle cryptomonnaie peut être apportée comme garantie.

D'ailleurs, les anciens banquiers de Goldman Sachs qui ont fondé UMA se sont généreusement récompensés en se réservant 48,5 millions des 100 millions de tokens UMA qui existent au total, prouvant une fois de plus qu'un léopard ne peut pas changer ses taches.

---

28 ERC-20 est une norme technique clé pour les tokens sur le réseau Ethereum.
29 stats.synthetix.io

8

Monnaies numériques des banques centrales (MNBC)

Les monnaies numériques des banques centrales, ou MNBC, sont des pièces numériques émises par les banques centrales. Actuellement, ces monnaies numériques sont encore largement expérimentales. Les Bahamas ont été le premier pays à introduire officiellement une MNBC appelée le Sand Dollar, en octobre 2020. Cependant, plusieurs grandes banques centrales, telles que la Réserve fédérale, la Banque centrale européenne, la Banque d'Angleterre et la banque centrale chinoise (qui a lancé un pilote pour un yuan numérique) explorent sérieusement les possibilités.

L'intérêt pour les MNBC de la part des banques centrales est motivé par les développements très rapides des cryptomonnaies, pour lesquelles les banques gouvernementales souhaitent trouver une alternative combinant les avantages des cryptos avec un contrôle centralisé strict. (Beaucoup dans la communauté crypto disent que cela fait des MNBC l'opposé de ce que sont les cryptomonnaies, c'est-à-dire un moyen de paiement décentralisé qui ne peut être contrôlé par aucune autorité politique et/ou financière).

Les banques centrales espèrent utiliser la technologie blockchain pour rendre les paiements transfrontaliers moins chers, plus sûrs et plus efficaces. Mais elles veulent aussi contrebalancer la nature indépendante et décentralisée des cryptomonnaies. Comme l'a souligné Fan Yi Fei, vice-gouverneur de la Banque du peuple de Chine, en expliquant le pilote du yuan numérique : « Pour protéger les monnaies fiduciaires de ces actifs cryptographiques et sauvegarder la souveraineté monétaire, il est nécessaire que les banques centrales numérisent les billets de banque en utilisant de nouvelles technologies. »[30]

La principale différence entre une « vraie » cryptomonnaie et une MNBC est que la MNBC n'est pas validée de manière décentralisée par une multitude de nœuds indépendants, mais gérée centralement par une banque centrale et régulée par l'autorité monétaire du pays/de la région économique émettant la MNBC. Comme mentionné ci-dessus, cela va à l'encontre de l'idée fondatrice derrière Bitcoin de créer un système financier/de paiement indépendant d'une autorité centrale et qui ne peut être manipulé par un gouvernement.

La question de savoir si nous devrions nous réjouir que les banques centrales et de grands acteurs privés comme Facebook veuillent proposer leurs propres monnaies numériques reste à voir. Mais nous pouvons supposer que (encore) plus de contrôle du gouvernement, des banques et/ou de la Big Tech sur le système financier/de paiement conduira inévitablement à (encore) moins de vie privée pour les citoyens et les entreprises ordinaires. Cela rendrait également plus facile d'exclure du système financier ceux qui expriment des opinions ou s'engagent dans des activités jugées indésirables par le gouvernement. C'est le contraire de la liberté et de l'indépendance pour lesquelles les cryptomonnaies se battent.

Les MNBC diffèrent des cartes de crédit et d'autres services de paiement sans espèces car ces derniers ne fonctionnent pas (encore) via une blockchain. Il est possible que les MNBC deviennent des concurrents des services de paiement en offrant aux détaillants des options de paiement à des coûts de transaction très bas, ce qui pourrait à son tour forcer les parties commerciales à baisser leurs prix. Un autre avantage des

30 decrypt.co/44049/chinas-central-bank-transacts-160-million-in-digital-yuan

MNBC pourrait être la compensation internationale instantanée, alors que les banques et autres institutions financières retiennent souvent des fonds pendant un ou plusieurs jours ouvrables.

La Chine prend les devants

Une enquête menée par la Banque des Règlements Internationaux (BRI) fin 2020 auprès de 65 banques centrales a révélé que 86% des banques interrogées étudiaient les avantages et les inconvénients des monnaies numériques. Jusqu'à présent, selon le rapport de la BRI, ce sont surtout les banques centrales des économies émergentes et en développement qui semblent intéressées à émettre des MNBC, plus que celles des économies développées.[31]

Parmi les grands pays, la Chine est en tête. La Banque Populaire de Chine a lancé un pilote en 2020 dans lequel 150 000 citoyens de Shenzen et Suzhou ont reçu 200 yuans numériques (environ 28 dollars) par personne via une loterie. La Chine a officiellement introduit le yuan numérique lors des Jeux Olympiques d'hiver de 2022.[32]

Un cinquième des banques centrales des grandes économies interrogées ont indiqué qu'il était « possible » d'émettre une monnaie numérique à court ou moyen terme, alors qu'un an auparavant, seule une banque centrale le faisait.

À peu près au même moment où les Bahamas ont introduit la première MNBC au monde, le Sand Dollar, le Cambodge a lancé le Bakong. Le Bakong n'est pas une monnaie numérique native, mais représente des dépôts tokenisés en riels cambodgiens ou en dollars américains. La principale raison du Cambodge pour introduire le Bakong est de moderniser son système de paiement et de réduire sa dépendance envers le dollar américain.

---

31 bis.org/publ/bppdf/bispap114.pdf

32 bloomberg.com/news/articles/2022-01-10/china-offers-digital-yuan-at-olympics-to-test-overseas-appeal

Le Bakong pourrait également augmenter l'inclusion financière, car tout le monde au Cambodge possède un téléphone portable, mais seulement 22% des personnes âgées de 15 ans ou plus ont également un compte bancaire. Et pour utiliser le Bakong, il n'est pas nécessaire d'avoir un compte bancaire. Grâce à un portefeuille mobile installé, de l'argent peut être reçu de tiers ou par l'intermédiaire d'un agent de paiement qui peut convertir l'argent/fiat en Bakongs. Les transactions sont gratuites et sont réglées en 2 à 3 secondes.

Même le Venezuela, pays socialiste en difficulté, a tenté de lancer une monnaie numérique en 2018 - le Petro - mais personne n'avait confiance dans le projet, donc ce ne fut pas un succès. Cela montre que si personne ne veut utiliser une monnaie numérique centralisée, même une banque centrale ne peut pas la rendre réussie.

Jusqu'à présent, les banques centrales occidentales semblent étudier les MNBC principalement d'un point de vue défensif. Le Fonds Monétaire International (FMI) reste également prudent, bien qu'il conseille aux banques centrales de continuer à étudier les MNBC et de se familiariser avec les nouvelles technologies.

Avantages et inconvénients des MNBC

Le FMI énumère un certain nombre d'avantages et d'inconvénients potentiels des MNBC.

Avantages potentiels :

- *Une plus grande inclusion financière.* Puisque l'utilisation des MNBC ne nécessite pas de compte bancaire, elles pourraient améliorer l'accès au système financier pour les personnes dites « non bancarisées ». Le FMI considère cela comme un argument important dans un monde de plus en plus numérique où l'utilisation de l'argent liquide est en déclin.
- *Une plus grande stabilité du système de paiement.* Dans les pays où le système de paiement est détenu par seulement quelques

grandes entreprises (parfois étrangères), l'introduction d'une MNBC pourrait augmenter la stabilité du système monétaire.

- *Une concurrence accrue entre les banques.* Les MNBC pourraient accroître la concurrence entre les banques et autres entreprises de paiement, ce qui pourrait réduire les coûts de transaction.

- *Alternative aux cryptomonnaies décentralisées.* Les MNBC pourraient être une alternative aux cryptomonnaies indépendantes. Certaines banques centrales voient une menace dans l'adoption croissante des cryptomonnaies privées. Les MNBC permettent d'intégrer de nombreux avantages des cryptomonnaies décentralisées sans perdre le contrôle du système monétaire.

- *Politique monétaire plus efficace.* La politique monétaire d'une banque centrale pourrait potentiellement avoir un impact plus direct sur l'économie en cas d'adoption à grande échelle d'une MNBC rémunérée, car l'effet d'une hausse ou d'une baisse des taux d'intérêt serait immédiat, et il serait plus facile d'augmenter ou de réduire l'offre monétaire.

Inconvénients potentiels :

- *Diminution du rôle des banques.* Si les MNBC étaient adoptées par le grand public à grande échelle, les banques seraient moins essentielles pour faciliter les transactions de paiement. Cela pourrait aussi mettre la pression sur les marges des banques commerciales et ainsi sur leur rôle d'intermédiaire dans le système financier. Cela pourrait entraver les prêts aux entreprises.

- *Coût et risque de réputation.* Offrir une MNBC nécessite un rôle plus grand et plus actif de la part d'une banque centrale. Une banque centrale deviendrait potentiellement ultimement responsable de divers composants du système de paiement - tels que le contact client, le choix et la maintenance de la technologie de paiement, le suivi des transactions, etc. Si elles ne remplissaient pas ces tâches de manière satisfaisante, les banques centrales pourraient en subir un préjudice réputationnel.

- *Risque d'ingérence politique.* En cas d'adoption massive de MNBC, une banque centrale pourrait aussi avoir à décider quelles banques commerciales seront ou non approvisionnées en fonds en cas de sorties massives de capitaux (causées par une adoption rapide des MNBC). Cela augmente la probabilité d'une ingérence politique.

Le FMI suggère que pour surmonter certains des inconvénients, les banques centrales pourraient choisir de s'associer avec des entreprises du secteur privé - une option que le FMI appelle une « MNBC synthétique » - plutôt que de développer et de maintenir une MNBC entièrement par elles-mêmes.

Il est clair que la recherche sur les MNBC en est encore à ses balbutiements pour le moment, bien que les développements soient rapides et que les banques centrales prennent de plus en plus au sérieux l'option d'une MNBC. Qui sait, peut-être qu'un dollar, euro, yen, et livre numérique seront lancés dans un avenir pas si lointain.

9

Cours accéléré sur le jargon crypto

Chaque industrie/discipline a son propre jargon et la cryptosphère ne fait pas exception. Nous avons utilisé pas mal de termes spécifiques à la crypto dans les premiers chapitres du livre, et il est tout à fait compréhensible si par moments vous avez l'impression de perdre le fil. Ne vous en faites pas, c'est ainsi que l'on apprend.

Il est important que vous acquériez au moins une compréhension basique des termes cryptos les plus importants, ne serait-ce que parce qu'ils sont tellement utilisés dans d'autres sources d'information sur la crypto, ce qui vous sera nécessaire pour approfondir vos connaissances sur le marché crypto, comprendre les nouveaux développements, etc.

Par conséquent, voici un bref récapitulatif des termes les plus importants jusqu'à ce point.

Altcoin : Terme collectif pour toutes les cryptomonnaies autres que le bitcoin.

Halving de Bitcoin : Un événement qui se produit tous les quatre ans où la récompense pour l'extraction d'un nouveau bloc dans la blockchain de bitcoin est divisée par deux. Les trois premiers halvings ont eu lieu en 2012, 2016, 2020.

Bloc : Une partie d'une blockchain dans laquelle des transactions peuvent être stockées. Un bloc bitcoin, par exemple, contient toutes les transactions effectuées en bitcoins (BTC) pendant une période d'environ dix minutes. Mais les blocs de certaines autres cryptos peuvent stocker bien plus de transactions.

Blockchain : Un registre numérique décentralisé (registre distribué) où toutes les transactions d'une cryptomonnaie sont stockées. Une blockchain peut également être utilisée pour enregistrer toutes sortes d'autres mutations, comme celles des contrats intelligents (smart contracts).

Échange de crypto : Plateforme en ligne où les cryptomonnaies sont échangées.

Application Décentralisée (DApp) : Une application qui fonctionne et opère de manière autonome grâce à des contrats intelligents présents sur un système de blockchain décentralisé, comme le réseau Ethereum.

Finance Décentralisée (DeFi) : Un terme générique pour toutes sortes d'applications décentralisées (DApps) dans le domaine des services financiers, tels que les échanges crypto décentralisés, les plateformes de prêt de pair à pair, les stablecoins, les assurances, etc.

Monnaie fiduciaire : Monnaies émises par les gouvernements qui n'ont en elles-mêmes aucune valeur intrinsèque, et qui ne sont pas soutenues par un actif sous-jacent comme l'or. La plupart des monnaies modernes sont des monnaies fiduciaires.

Fork majeur (Hard fork) : Un changement fondamental dans le protocole blockchain qui crée une nouvelle blockchain à côté de l'ancienne. Les détenteurs de tokens de l'ancienne blockchain reçoivent automatiquement des tokens dans la nouvelle blockchain. Les mineurs doivent choisir quelle blockchain ils continuent à valider. Des exemples de hard forks incluent Bitcoin Cash, Bitcoin SV et Ethereum Classic.

Minage : Trouver de nouveaux blocs blockchain en résolvant un problème mathématique complexe. Les mineurs vérifient également les transactions et les ajoutent à un bloc. Pour avoir trouvé un nouveau bloc, les mineurs sont récompensés par des cryptos nouvellement créées. Le minage de crypto n'existe que pour les cryptos qui fonctionnent avec le mécanisme de consensus de preuve de travail, comme le bitcoin. Avec les cryptomonnaies de preuve d'enjeu, les nouvelles pièces ne sont pas minées mais distribuées aux détenteurs de pièces qui ont misé leurs pièces.

Monnaie native : La monnaie propre d'un projet blockchain. Par exemple, Ether est la monnaie native du réseau Ethereum.

Nœud : Un ordinateur qui valide les mutations/transactions sur un réseau blockchain.

Pair à pair : Une connexion entre des ordinateurs individuels qui n'est pas facilitée par un serveur central.

Preuve d'Enjeu (Proof-of-stake) : Un mécanisme de consensus pour les blockchains dans lequel les transactions/mutations sont validées par les propriétaires de pièces qui ont engagé/misé (une partie de) leurs pièces à cette fin.

Preuve de Travail (Proof-of-work) : Un mécanisme de consensus pour les blockchains dans lequel de nouveaux blocs sont minés en trouvant un grand nombre aléatoire appelé nonce. Les ordinateurs/mineurs sont récompensés pour avoir trouvé un nouveau bloc avec de nouvelles pièces, la récompense de bloc.

Satoshi : Satoshi Nakamoto est le pseudonyme du ou des créateurs toujours inconnus de Bitcoin. Satoshi est également le nom de la plus petite unité de bitcoin. Un satoshi représente un cent millionième de bitcoin (0,00000001 BTC).

Contrat Intelligent : Un contrat numérique écrit dans un langage de codage qui vit sur une blockchain et est automatiquement exécuté lorsque certaines conditions sont remplies.

Fork mineur (Soft fork) : Une modification du protocole blockchain dans laquelle seuls les blocs/transactions précédents deviennent invalides. Contrairement à un hard fork, un soft fork ne crée pas une nouvelle blockchain parallèle à côté de l'ancienne.

Stablecoin : Une pièce qui est liée à un autre moyen de valeur, comme une monnaie fiduciaire, dans le but de minimiser les fluctuations de valeur. L'une des stablecoins les plus connues est le tether, qui est lié au dollar américain.

Système sans confiance (Trustless system) : Système où la sécurité, la vérification et les transactions au sein d'un réseau ne sont pas facilitées par une partie centrale.

Portefeuille (Wallet) : En crypto, un portefeuille numérique sur lequel les clés privées qui donnent accès à une adresse crypto peuvent être stockées. Il existe à la fois des portefeuilles logiciels (chauds) et des portefeuilles matériels (froids). Les portefeuilles matériels ne sont pas connectés à Internet et sont donc considérés comme plus sécurisés.

Partie II

Comment trader des cryptomonnaies ?

10

Questions pratiques

Où pouvez-vous acheter et vendre des cryptos ? Combien d'argent faut-il pour commencer ? Et quelles pièces sont les meilleures pour commencer à trader ? Ces questions et d'autres sont abordées dans ce chapitre. Nous concluons par quelques astuces qui peuvent vous faire économiser beaucoup d'argent en tant que trader crypto débutant.

Combien d'argent faut-il pour trader des cryptos ?

L'époque où vous pouviez acheter des dizaines voire des milliers de bitcoins pour moins de 100 dollars est révolue. Pourtant, vous n'avez pas besoin d'une fortune pour commencer à investir dans les cryptos. Construire un portefeuille d'actions nécessite des milliers de dollars, mais sur le marché des cryptos, vous pouvez commencer avec moins d'une centaine.

Les frais de transaction sur certaines plateformes d'échange de cryptos (platesformes en ligne sur lesquelles les cryptomonnaies sont échangées) ne sont que de quelques centimes, vous pouvez donc facilement prendre des positions de quelques dollars. Bien sûr, vos bénéfices totaux dépendront de combien vous investissez, mais même en investissant de petits montants, vous pouvez obtenir des rendements inconnus sur le marché boursier.

Cependant, comme nous l'avons déjà dit, le marché des cryptos est très volatil, et la valeur de vos investissements peut chuter tout aussi rapidement qu'elle monte. Nous vous conseillons donc de ne pas placer tout votre capital d'investissement dans les cryptos. Il est préférable de répartir vos investissements sur différents marchés, tels que les actions/fonds d'actions (internationaux), les obligations, et les cryptos. Mais, bien sûr, la décision finale vous appartient.

Où trader des cryptos ?

Pour pouvoir trader des cryptos, vous devez d'abord ouvrir un compte sur une plateforme d'échange de cryptos. Gardez à l'esprit que la plupart des plateformes d'échange exigent une authentification dans le cadre de la législation de conformité. Dès que votre vérification est réussie, vous pouvez commencer.

Plateformes d'échange de cryptos

Il existe des centaines de plateformes d'échange de cryptos, mais nous vous recommandons de choisir une (ou plusieurs) des plus grandes plateformes fiables telles que Coinbase ou Binance.

Plusieurs plateformes d'échange de cryptos ont été piratées au fil des ans, mais la sécurité a été considérablement renforcée ces dernières années. Des plateformes comme Coinbase et Binance conservent la majorité des fonds des clients en stockage à froid (hors ligne), par exemple. Ils offrent également une authentification à deux facteurs (2FA) et vous pouvez configurer vos propres adresses crypto en liste blanche afin de n'envoyer des cryptos qu'à ces adresses.

Cependant, n'importe quelle plateforme peut être piratée, et garder vos clés privées en ligne n'est jamais totalement sûr. Il est donc conseillé de stocker les pièces que vous prévoyez de conserver pendant une période prolongée sur des portefeuilles matériels tels que ceux de Ledger ou Trezor, et de ne conserver sur les plateformes que les fonds en crypto que vous souhaitez activement trader.

Laissez l'expérience douloureuse de l'un d'entre nous, servir d'avertissement. En janvier 2019, Jan-Robert avait pas mal de pièces sur la plateforme d'échange de crypto de Nouvelle-Zélande, Cryptopia. Après que Cryptopia a été piratée et que 16 millions de dollars de pièces ont été volés, la plateforme a immédiatement été verrouillée et a, par la suite, déclaré faillite. Jan Robert n'a jamais revu ses pièces.

Plateformes d'échange de cryptos décentralisées (DEX)

Vous pouvez également trader des cryptos via des plateformes d'échange décentralisées, appelées DEX. Sur une plateforme décentralisée, les transactions sont exécutées par des contrats intelligents ; il n'y a pas de partie centrale impliquée.

L'un des principaux avantages d'un DEX est qu'il est plus anonyme, parce que vous tradez de pair à pair. Il n'y a pas de règle Know Your Customer (KYC) et vous n'avez pas à révéler votre identité.

Un autre avantage est que vous pouvez trader des cryptomonnaies plus récentes et plus exotiques sur les plateformes décentralisées qui ne sont pas (encore) proposées sur les plateformes centrales. Binance, par exemple, la plus grande plateforme d'échange de cryptos au monde, propose actuellement plus de 500 cryptos différents, alors que plus de 10 000 cryptomonnaies existent. Inutile de dire que trader ces cryptos « penny » est aussi plus risqué que de trader des cryptos plus établis, mais les récompenses peuvent être phénoménales, surtout lorsqu'ils obtiennent une cotation sur une ou plusieurs des plus grandes plateformes centrales.

La plupart des DEX fournissent de la liquidité par le biais de ce qu'on appelle des pools de liquidité, des fonds verrouillés dans des contrats intelligents qui sont fournis par les détenteurs de pièces en échange de tokens de liquidité, qui sont une sorte d'actions dans le pool qui leur donnent droit à une portion des frais de transaction. L'un des inconvénients des pools de liquidité est le risque de glissement de prix, c'est-à-dire le décalage du prix local par rapport au prix « réel », car une grande transaction vient de se produire dans le pool, par exemple.

Étant donné que l'interface utilisateur des DEX est souvent moins conviviale et que le risque de fraude pour les utilisateurs novices est plus élevé qu'avec les plateformes centrales, nous conseillons aux traders débutants de commencer sur les plateformes centrales. Dans tous les cas, soyez prudent lorsque vous tradez sur des plateformes décentralisées.

Courtiers CFD

Vous pouvez également trader des cryptos via ce qu'on appelle les Contrats pour Différence, ou CFD. Avec les CFD, vous n'achetez pas l'actif sous-jacent (cryptos, actions, matières premières, etc.) mais convenez de régler la différence de prix entre l'ouverture et la clôture de la position. Nous discuterons des CFD plus en détail plus loin dans ce chapitre.

Les courtiers CFD offrent l'avantage de trader avec un effet de levier, ce qui signifie que vous pouvez réaliser des trades plus importants avec moins de capital (évidemment cela fonctionne dans les deux sens et augmente également votre perte potentielle). Un autre avantage des CFD est que vous pouvez les utiliser facilement pour spéculer sur la baisse d'un actif, ce qui n'est généralement pas possible sur les plateformes d'échange de cryptos. Cela rend les CFD particulièrement adaptés pour le trading spéculatif. En revanche, si vous souhaitez investir à plus long terme, les CFD sont moins adaptés.

Différentes manières de trader des cryptos

Tout comme avec d'autres actifs, il existe différentes façons de trader des cryptos, allant du trading pur et simple et des CFD aux futures et options. Examinons comment cela fonctionne en pratique.

Trading Direct

Par Trading Direct, nous entendons une forme d'investissement direct. Vous achetez un certain nombre de pièces et les conservez pour une période indéterminée. C'est une forme de trading sur le marché au comptant, c'est-à-dire que vous tradez les pièces elles-mêmes, et non des dérivés tels que les options ou les futures. Si à un certain moment vous voulez réaliser des profits (ou subir une perte), vous vendez vos pièces.

Vous pouvez utiliser diverses stratégies de trading en trading direct, y compris le HODLing et le swing trading.

HODL est un terme issu de la communauté des cryptos et est connu dans le monde traditionnel de l'investissement comme buy and hold. Le terme HODL vient d'un trader crypto ivre nommé GameKyuubi qui en 2013 a posté un message sur le forum bitcointalk intitulé « I AM HODLING », dans lequel il explique, de manière très décousue, que même si le prix du bitcoin a déjà chuté de 40% à ce moment-là, il ne va pas vendre son bitcoin. Il termine son post par : « Alors, j'ai bu un peu de whisky. En fait sur la bouteille c'est écrit whisky. Qu'importe. Attaquez-moi en justice (mais seulement si c'est payable en BTC). »[33] Clairement, il voulait dire « Je garde » ou « Je garde [mes bitcoins] ». Mais faute de frappe ou non, le terme HODL, parfois traduit par Holding On for Dear Life (Accrochez-vous pour la vie), est depuis devenu courant dans la communauté crypto pour indiquer que vous ne vendez pas.

Le swing trading est une stratégie dans laquelle vous prenez une position pour une période plus courte - de quelques jours à quelques semaines - afin de profiter d'un mouvement de prix. Le swing trader ne se soucie pas de savoir si ce mouvement de prix est à la hausse ou à la baisse. Le swing trading est basé sur le fait que les prix bougent souvent en zigzag, avec des niveaux de support et de résistance comme points d'inversion (dans le Chapitre 15, nous discuterons plus en profondeur du principe technique important du trading de support et de résistance).

---

33 Vous pouvez lire l'intégralité du post ici : bitcointalk.org/index.php?topic=375643.0

CFDs

CFD est l'acronyme de « Contract for Difference » (Contrat pour la Différence). Un CFD est un accord entre l'acheteur et le vendeur pour régler la différence de prix entre le moment de l'achat et le moment de la vente, d'où le nom. Donc, lorsque vous achetez un CFD, vous n'achetez pas réellement l'actif sous-jacent. C'est purement pour spéculer sur le prix (à court terme) d'un actif.

Comme les options, les CFDs offrent la possibilité de négocier avec un effet de levier. Cependant, la réglementation varie selon les régions. Par exemple, l'Union Européenne a, ces dernières années, restreint l'effet de levier maximal qui peut être utilisé. Vérifiez auprès de votre courtier quels sont les leviers qu'ils offrent dans votre région pour les différents actifs négociables. Pour les devises traditionnelles, le levier est généralement plus élevé que pour les cryptomonnaies. (D'ailleurs, si vous êtes également intéressé par la négociation de devises traditionnelles, consultez le livre de Jelle : « Forex Trading for Ambitious Beginners »).

Voici un exemple simple de comment fonctionne l'effet de levier : Si un courtier offre un levier de 1:2, et que vous achetez un CFD de 1/10 de bitcoin à un prix de 20 000 $, vous avez besoin de 20 000 $/10/2 = 1 000 $. (Avec un CFD de 1/100 de bitcoin, ce serait 100$.) Autrement dit, vous contrôleriez 2 000 $ de bitcoins avec seulement 1 000 $ de votre propre argent, doublant ainsi vos gains potentiels — mais aussi, bien sûr, vos pertes potentielles.

Parce que vous pouvez déjà négocier des CFDs pour moins de 100 $, ce type de négociation est particulièrement attrayant pour les traders actifs ayant un budget d'investissement relativement faible. N'oubliez pas cependant que les profits et pertes potentiels sont augmentés lorsque vous négociez des CFDs avec effet de levier.

Futures (contrats à terme)

Un contrat à terme est un contrat qui oblige les parties à effectuer une transaction sur un actif à une date et à un prix futurs prédéterminés. Le contrat oblige l'acheteur à acheter l'actif sous-jacent à un prix prédéterminé à la date d'expiration du contrat. Le vendeur a l'obligation de livrer l'actif sous-jacent.

Par exemple, pensez à un producteur de pétrole qui souhaite fixer à l'avance les recettes de sa production et s'engage à livrer la quantité Y de barils de pétrole dans 3 mois pour le montant X.

Un avantage important des contrats à terme est que vous n'avez pas besoin de posséder réellement le pétrole, le café ou le bitcoin pour le négocier, contrairement à lorsque vous négociez du bitcoin sur une bourse. De plus, avec les contrats à terme, vous pouvez plus facilement spéculer sur les baisses d'une matière première ou d'un instrument financier tel que les cryptos. Et comme avec les CFDs, vous n'avez pas à avancer la valeur totale que le contrat représente.

Un contrat standard de bitcoin négocié sur le CME (Chicago Mercantile Exchange) est de 5 bitcoins. Lorsque le prix du bitcoin est de 20 000 $, cela signifie que la valeur sous-jacente totale est de 100 000 $ (5 x 20 000 $). Mais vous n'avez pas besoin de 100 000 $ pour acheter le contrat. Le coût de transaction d'un contrat bitcoin au CME est de 25 $. Pour absorber toute perte, le CME exige en outre que 43% du capital total représenté par le contrat soit déposé sur un compte. Ainsi, pour une valeur de contrat de 100 000 $, la marge de maintenance minimale, également appelée capital pour absorber les pertes, serait de 43 000 $. C'est bien sûr encore beaucoup d'argent, mais avec cela, vous contrôlez de facto un capital qui est plus que le double de ce montant.

Pour les traders novices, les contrats à terme sont généralement trop complexes — et les pertes potentielles trop élevées. Mais il est toujours important de savoir comment ils fonctionnent et ce que vous pouvez faire avec eux, afin que lorsque le moment sera venu, vous puissiez apprendre à les utiliser pour spéculer et/ou vous protéger contre d'autres actifs de votre portefeuille.

Options (contrats d'options)

Un contrat d'option est un contrat qui donne à l'acheteur le droit — mais pas l'obligation — d'acheter ou de vendre un actif sous-jacent à ou avant une certaine date.

Les options sont similaires aux contrats à terme en ce qu'elles sont toutes deux valables pendant une période limitée. La principale différence est qu'avec un contrat à terme, l'acheteur a effectivement l'obligation d'acheter l'actif sous-jacent à une date prédéterminée — et le vendeur de livrer à cette date d'expiration spécifique — tandis que l'acheteur d'une option a le droit d'acheter ou de vendre (dans le cas d'une option de vente), mais pas l'obligation.

Il existe 2 types d'options : les options d'achat (call) et les options de vente (put).

Une *option d'achat* (call) est le droit d'acheter un actif sous-jacent.

Une *option de vente* (put) est le droit de vendre un actif sous-jacent.

Toutes les options ont une date d'expiration. Il existe différentes dates d'expiration. Certaines options expirent à la fin de la journée, d'autres après une semaine, un mois ou trois mois. Les options hebdomadaires régulières expirent chaque vendredi tandis que les options mensuelles expirent le $3^{\text{ème}}$ vendredi de chaque mois.

Négocier des options offre plus d'opportunités de réaliser des rendements et aussi de réduire le risque d'autres stratégies de trading. Dans le Chapitre 20, nous discuterons des options plus en profondeur, y compris plusieurs stratégies d'options que vous pouvez utiliser pour couvrir vos positions, augmenter le rendement sur les positions existantes et spéculer de manière plus économique sur les mouvements de prix.

Quelles sont les meilleures cryptomonnaies pour les débutants ?

Nous recevons régulièrement la question : avec quelles pièces commencer ? Il existe désormais plus de 17 000 cryptomonnaies. Certaines de ces monnaies sont mortes et beaucoup d'autres sont ce qu'on appelle des shitcoins, mais quelques centaines ont un véritable potentiel. Si vous souhaitez devenir un trader de cryptos aguerri, nous vous recommandons de vous limiter aux 50 meilleures monnaies, surtout au début.

Même si vous êtes principalement intéressé par la spéculation et que vous ne cherchez pas à construire un portefeuille de cryptomonnaies, nous vous recommandons de rester avec les monnaies les plus grandes et les plus établies en tant que trader débutant en cryptomonnaies, ne serait-ce que parce qu'il faut du temps pour apprendre à distinguer les « shitcoins » des « moonshot coins ».

Lors de la construction d'un portefeuille de cryptomonnaies, il est judicieux de réfléchir d'abord soigneusement à combien vous voulez investir au total et par monnaie, et aussi quel type de ratio vous souhaitez maintenir entre les principales monnaies comme le bitcoin et l'ether et les monnaies plus petites que vous pensez être un bon investissement.

Dans le prochain chapitre, nous examinerons de plus près comment trouver des monnaies avec du potentiel.

L'importance de la liquidité lors du trading de cryptomonnaies

Le marché des changes (forex) a un volume de trading quotidien de plus de 6,5 billions de dollars et est le marché le plus liquide au monde. L'immobilier, en revanche, est un marché beaucoup moins liquide ; après tout, on n'achète pas une maison en une journée. Une forte liquidité signifie qu'il y a beaucoup d'échanges pour un actif, et qu'il peut être facilement converti en espèces. Cela réduit les coûts de transaction.

Il y a aussi des cryptomonnaies plus liquides et d'autres moins liquides. Par exemple, le bitcoin est une monnaie hautement liquide.[34] Les investisseurs n'ont pas à se soucier de savoir s'ils pourront vendre leur bitcoin. De même pour Ethereum. Si vous voulez trader des monnaies qui ne sont pas disponibles sur les grandes bourses de cryptomonnaies, il est important de garder à l'esprit que ces monnaies sont souvent beaucoup moins liquides, et qu'il peut être plus difficile de les vendre à tout moment.

34 Vérifiez coinmarketcap.com pour le volume de trading quotidien actuel.

Qu'est-ce qu'un retour sur investissement (ROI) réaliste ?

Le marché de la cryptomonnaie est encore jeune et donc généralement très volatil. Cela offre de grandes opportunités, mais peut aussi présenter de grands risques. Des rendements de 100% en quelques mois, voire encore plus rapides, ne sont pas rares lors du trading de monnaies populaires. Mais les prix des cryptos peuvent également chuter rapidement lors d'un marché baissier.

Le tableau ci-dessous, qui date de la seconde moitié de 2020, illustre à quel point les prix des cryptomonnaies peuvent fluctuer.[35]

Coin	Market Cap	Volume (24H)	Change 7D	Change 30D	Change 90D	Change 1Y	Change YTD
Bitcoin	$355.73B	$1.44B	+5.39%	+23.07%	+84.86%	+156.41%	+165.93%
Ethereum	$66.99B	$0.95B	+3.43%	+30.79%	+68.66%	+305.15%	+360.03%
XRP	$21.12B	$0.93B	+0.46%	+135.27%	+151.46%	+167.57%	+215.64%
Tether	$20.13B	$3.31B	+0.02%	-0.01%	+0.04%	-0.26%	+0.20%
Litecoin	$5.47B	$0.19B	+4.52%	+30.26%	+68.92%	+82.55%	+98.26%

Des augmentations de prix de plusieurs centaines de pourcents ne sont pas une exception. Il convient cependant de noter que 2020 a fini par être une très bonne année pour les cryptos. Le fait que les choses puissent descendre aussi vite est démontré par le fait qu'après avoir atteint un nouveau record de 64 863 $ en avril 2021, le bitcoin a perdu presque la moitié de sa valeur le mois suivant.

Ce qui constitue un rendement réaliste en crypto dépend finalement de plusieurs facteurs et n'a donc pas de réponses faciles. Cela dépend de votre

35 Une exception intéressante est le tether, qui est en réalité très stable. Et il devrait l'être ; il est lié au dollar américain précisément parce qu'il a pour objectif d'être le plus stable possible.

stratégie de trading, de la fréquence et de la régularité de vos trades, de la mesure dans laquelle vous respectez votre plan de trading, et aussi du marché lui-même (même si tout trader à succès vous dira que vous pouvez gagner de l'argent sur n'importe quel marché). Comme une grande partie de votre succès en tant que trader dépend de votre plan de trading, nous examinerons de plus près la création d'un plan de trading au chapitre 22.

5 conseils pour obtenir des rendements

À ce stade, nous allons vous donner quelques conseils rapides qui pourraient vous aider à économiser — et à gagner — beaucoup d'argent si vous décidez de trader par vous-même.

1. Élaborez un plan de trading (voir Chapitre 22). Cela vous aidera à choisir une stratégie de trading qui vous convient, à appliquer une gestion solide de votre argent, à fixer des objectifs de rendement réalistes, et plus encore.

2. Faites toujours vos propres recherches. Approfondissez votre compréhension du marché de la cryptomonnaie et n'achetez jamais à l'aveugle une monnaie parce qu'elle est recommandée par un oncle fou ou un guru autoproclamé de la crypto (ou les deux).

3. Ne laissez pas votre portefeuille de cryptomonnaies être géré par un tiers. Les entreprises de gestion de cryptomonnaies facturent des frais, pourraient faire faillite ou disparaître avec votre argent. Sont-elles vraiment meilleures que vous pour gérer votre portefeuille de cryptomonnaies ?

4. Assurez-vous d'avoir un portefeuille de cryptomonnaies bien diversifié. Ne placez pas l'intégralité de votre investissement crypto dans une seule monnaie en espérant un coup de chance. À la place, choisissez un panier de monnaies et élargissez vos investissements dans les monnaies que vous avez sélectionnées au fil du temps.

5. Rejoignez une communauté de cryptomonnaies en ligne. Cela vous aide à entrer en contact avec d'autres traders de cryptomonnaies, auprès desquels vous pouvez souvent apprendre beaucoup de choses (mais n'oubliez jamais la règle numéro 2).

11

Comment trouver les meilleures pièces

Comme nous l'avons dit précédemment, si vous débutez dans le trading de cryptos, il est judicieux de vous limiter aux 10 premières pièces, voire aux 50 premières. Mais à mesure que votre connaissance du marché des cryptos s'accroît, vous voudrez peut-être élargir vos horizons de trading et commencer à investir dans de nouvelles pièces ayant un potentiel de croissance plus explosif.

Bien sûr, il est impossible de dire avec certitude quelle pièce sera multipliée par « 10X » – et deviendra dix fois plus précieuse – quel que soit ce que disent les « experts » auto-proclamés en crypto. Cependant, il existe un certain nombre de caractéristiques que beaucoup de pièces réussies ont en commun. Dans ce chapitre, nous partagerons notre propre processus de sélection pour trouver les pièces les plus prometteuses. C'est un mélange de critères fondamentaux et de techniques, incluant un certain nombre de métriques dites « on-chain » – des données sur certaines activités crypto qui peuvent être recueillies directement à partir de la blockchain elle-même – particulièrement importantes lorsque l'on envisage d'augmenter ou de diminuer les positions dans les principales pièces comme le bitcoin et l'ether (voir le Chapitre 17 pour une discussion détaillée sur l'analyse « on-chain »).

Cartographiez le marché crypto

Pour bien évaluer les pièces individuelles, il est important d'abord de comprendre le marché des cryptos dans son ensemble. Cela vous aidera non seulement à mieux comprendre ce qui se passe sur le marché des cryptos — quelles innovations ont lieu, où les nouveaux points chauds émergent — mais aussi à mieux placer et comparer les pièces.

Afin de classer les pièces plus facilement, nous divisons le marché crypto en différentes catégories, telles que :

- Cryptomonnaies « pures » (Bitcoin et Litecoin)
- Plateformes blockchain (Ether, Cardano, SOL)
- Pièces DeFi (Uniswap, Compound)
- Pièces axées sur la vie privée (Monero)
- Pièces de divertissement (Theta, Chiliz)
- Pièces de jeu (Decentraland, Enjin Coin)
- Pièces énergétiques (EWT, POWR)

Catégoriser les pièces vous aide également à mieux répartir vos investissements en crypto, de sorte que vous n'êtes pas uniquement investi dans une seule catégorie de pièces.

Le moyen le plus rapide de mieux comprendre le marché crypto est d'étudier les 100 premières pièces sur Coinmarketcap.com. Ce site fournit des informations importantes sur chaque pièce crypto, telles que : le projet auquel appartient la pièce ; qui sont les développeurs et les investisseurs ; combien de pièces sont émises, etc. Certes, étudier ces pièces peut prendre du temps, mais vous constaterez que cela augmente rapidement vos connaissances sur le marché des cryptos.

Évaluez la pièce

Nous évaluons chaque pièce sur plusieurs facteurs, notamment la valeur ajoutée, l'équipe derrière la pièce, les données financières, le secteur dans lequel la pièce est active et la communauté soutenant le projet.

La valeur ajoutée

La question la plus importante que nous nous posons toujours est : quelle est la valeur ajoutée de la pièce ? En d'autres termes, pourquoi cette pièce devrait-elle être utilisée ? L'utilisation de la technologie blockchain apporte-t-elle une réelle valeur ajoutée au projet ou cette technologie est-elle uniquement utilisée pour rendre le projet plus attrayant ? Et quel est le modèle économique du projet ?

Comprenez que toutes les pièces sont en concurrence pour l'attention et les dollars d'investissement. Si la pièce fait partie d'un projet qui n'ajoute que peu de valeur au monde crypto, il est peu probable qu'elle survive.

L'équipe

Qui est derrière la pièce ? Les fondateurs ont-ils de l'expérience dans le monde de la fin/tech/crypto ? Ont-ils une expérience de startup ? Qui d'autre est impliqué ? Ont-ils réussi à attirer des investisseurs ? Et si c'est le cas, qui sont ces investisseurs ? Un investissement du capital-risqueur Andreessen Horowitz serait évidemment plus significatif qu'un apport en espèces d'un investisseur russe obscur.

Y a-t-il une équipe de développement active et une feuille de route claire, qui indiquerait une vision solide à long terme ? Y a-t-il une communication régulière sur le projet sur les médias sociaux, etc. ? Ou est-il incertain qu'il y ait une équipe de développement professionnelle ?

La communauté

Quelle est la taille de l'activité de la communauté derrière le projet ? Les comptes de médias sociaux de la plateforme ont-ils de nombreux abonnés ? Une communauté forte et large autour du projet renforce le soutien à la pièce.

Les données financières

Comment se fait la distribution des pièces ? Si plus de 50% des pièces sont distribuées parmi les fondateurs, par exemple, ce ne serait pas bon signe. Cela indiquerait que les fondateurs cherchent principalement à s'enrichir, ce qui n'est pas de bon augure pour les perspectives à long terme du projet. En général, l'attribution de 20-30% des pièces aux fondateurs est considérée comme raisonnable.

La circulation des pièces

Quel modèle est utilisé pour l'émission de nouvelles pièces ? Combien de pièces seront émises au total et combien d'entre elles sont déjà en circulation ? Toutes les pièces sont-elles émises en une fois, ou sur une période plus longue, comme c'est le cas pour Bitcoin par exemple ? Et si les pièces sont émises sur une période plus longue, quel est le calendrier d'émission ? Et les pièces peuvent-elles également être détruites (brûlées), comme c'est le cas avec Ethereum 2.0 ?[36]

Les réponses à ces questions peuvent vous donner une idée de l'évolution réaliste de la valeur d'une pièce.

L'inscription

Où pouvez-vous échanger la pièce ? La pièce est-elle répertoriée sur une grande bourse de cryptomonnaie comme Binance ou Coinbase, ou

---

36 Ethereum 2.0 est le terme utilisé pour désigner une série de mises à jour majeures de la blockchain Ethereum, y compris la transition d'un mécanisme de consensus de preuve de travail à une preuve d'enjeu.

seulement sur une petite bourse décentralisée (DEX) ? Pour les pièces qui ne sont échangeables que sur une petite DEX, le risque d'un schéma de « pump-and-dump » est plus élevé. De plus, la liquidité sur une petite DEX est souvent plus faible, entraînant une volatilité plus élevée et rendant parfois la pièce plus difficile à échanger.

Les cas d'utilisation

Enfin, y a-t-il déjà des entreprises, des gouvernements ou d'autres projets blockchain qui utilisent les solutions du projet ? Pensez par exemple aux nombreux projets de DeFi fonctionnant sur le réseau Ethereum ; au grand nombre d'entreprises utilisant les services Supply Chain & Logistics de VeChain ; aux projets de DeFi construits sur Polygon. Vous pouvez imaginer que plus il y a d'entreprises qui utilisent les services d'un projet blockchain, plus ce projet a de chances de devenir rentable.

Nous ne saurions trop insister sur la nécessité d'être particulièrement prudent avec les pièces qui viennent d'être lancées et qui ne se sont pas encore prouvées. Si vous souhaitez néanmoins investir dans une nouvelle pièce, renseignez-vous toujours sur qui est derrière le projet et sur quelles bourses elles sont répertoriées. Soyez particulièrement méfiant à l'égard des nouvelles pièces qui ne sont répertoriées que sur une bourse décentralisée obscure. Des pièces comme celles-ci sont souvent annoncées sur Reddit (« entrez dès le début, obtenez beaucoup de pièces pour peu », vous connaissez la chanson), parfois gonflées pendant quelques jours pour attirer autant de pigeons que possible, puis lourdement larguées, laissant les investisseurs imprudents en plan. Nous ne recommandons pas l'achat de pièces qui ne sont sur le marché que depuis peu de temps, surtout si vous débutez en tant que trader de cryptomonnaie.

Déterminez le meilleur moment pour entrer

Après avoir sélectionné une pièce en fonction des critères ci-dessus, il est temps de déterminer votre point d'entrée. Même si vous prévoyez de conserver la pièce pendant longtemps, il est judicieux d'utiliser les données de prix pour déterminer si le niveau de prix actuel est un bon point d'entrée. Nous ne parlons pas nécessairement d'étudier des dizaines d'indicateurs techniques et de dessiner une multitude de lignes colorées sur des impressions de graphiques à chandelles suffisamment grandes pour être vues depuis votre baignoire, mais vous devriez au moins comprendre le récent développement du prix de la pièce et ses records historiques les plus hauts et les plus bas.

La pièce est-elle en hausse depuis le début ? Y a-t-il eu un pic précoce, puis un effondrement, et le prix s'est-il rapproché de ce pic précédent depuis ? La pièce a-t-elle suivi un schéma en zigzag pendant un certain temps ? Les réponses à ces questions peuvent vous aider à choisir un bon indice de prix. Si une pièce atteint des sommets de plus en plus élevés et des creux moins profonds, par exemple, cela pourrait être le bon moment pour entrer en position longue. Un autre bon signe serait une augmentation du volume des échanges pendant une hausse du prix.

Un autre élément auquel nous prêtons toujours une attention particulière est les niveaux de résistance et de support horizontaux. Si une pièce vient de franchir un important niveau de résistance, cela indique un élan pour de nouveaux gains. Bien sûr, ce n'est pas une garantie de gains de prix supplémentaires, rien ne l'est, mais c'est une bonne indication que le prix pourrait augmenter davantage. Si, en revanche, le prix a justement rejeté un niveau de résistance, ce serait le signe de ne pas prendre position longue (mais peut-être de prendre position courte à la place).

Bien sûr, si vous voulez chercher une confirmation supplémentaire via des indicateurs techniques tels que le RSI ou le MACD, c'est parfait. Mais d'après notre expérience, ces types de signaux sont moins efficaces lorsqu'il s'agit de trader des cryptomonnaies, car le marché des cryptomonnaies est beaucoup plus volatil que la plupart des autres marchés. À notre avis, il est plus important que vous appreniez à lire le développement des prix afin de ressentir l'évolution des prix au fil du temps (au chapitre 14 et suivants, nous approfondirons les différentes façons d'analyser le développement du prix d'une pièce).

Ne perdez pas votre temps à attendre l'indice de prix idéal, car si vous le faites, vous manquerez très souvent l'opportunité. Si vous croyez vraiment au potentiel d'une pièce, ce n'est pas la fin du monde si vous n'entrez pas au meilleur moment (quel qu'il soit). Mais il est important de vous assurer de ne pas vous lancer sans rien savoir du récent développement du prix de la pièce. Il est également judicieux de fixer des objectifs de prix et de prendre régulièrement des bénéfices sur une partie de votre position. Ces bénéfices peuvent ensuite être réinvestis dans d'autres pièces que vous avez découvertes lors de vos recherches sur les cryptomonnaies.

12

Yield Farming

Avec l'avènement de la Finance Décentralisée (DeFi), une toute nouvelle manière de gagner de l'argent supplémentaire avec vos cryptomonnaies a vu le jour : le yield farming.

Le yield farming consiste à mettre vos cryptomonnaies au travail en échange d'une récompense. Dans ce chapitre, nous discuterons des différentes formes de yield farming que vous pouvez pratiquer vous-même.

Staking

Le staking est la manière dont les transactions sont validées et dont les nouvelles pièces sont créées avec les cryptomonnaies utilisant la preuve d'enjeu (proof-of-stake).

Les blocs Bitcoin sont minés en utilisant le mécanisme de consensus proof-of-work. Cela nécessite que les mineurs trouvent un grand nombre aléatoire, le nonce, en échange duquel ils reçoivent une récompense sous forme de bitcoins. En raison de l'énergie que cette méthode nécessite, les nouvelles blockchains utilisent de plus en plus le mécanisme de consensus proof-of-stake pour valider les transactions et créer de nouvelles pièces.

Avec le mécanisme de consensus proof-of-stake, les transactions sont validées via des pièces existantes qui sont liées à des pools de staking. Les frais de transaction et les nouvelles pièces créées sont ensuite répartis entre les stakers en fonction de leur part dans les pools de staking.

Le rendement est différent pour chaque pièce et change également avec le temps, mais il peut rapidement s'élever à des APY (Annual Percentage Yield) de cinq ou six pour cent sur une base annuelle, et il existe de nombreuses cryptomonnaies offrant des APY bien supérieurs à cela.

Six pour cent d'intérêt alors que les banques n'offrent même pas un pour cent sur votre compte d'épargne ? Où est le piège, vous vous demandez.

Le piège est que le prix de nombreuses cryptomonnaies est notoirement volatil et peut augmenter ou diminuer de dizaines de pourcents en quelques semaines ou même quelques jours. Et pour recevoir une récompense de staking, vous devez réellement posséder les pièces.

Il se pourrait donc que vous receviez 10% d'intérêt sur vos pièces sur une base annuelle, mais qu'entre-temps, le prix de la pièce chute de 50%. Bien sûr, il est également possible que le prix de la pièce augmente, auquel cas vous empocheriez simplement 10% d'intérêt supplémentaire. Et si vous ne comptez pas vendre vos pièces, mais souhaitez les HODL parce que vous croyez au potentiel du projet, autant obtenir un rendement supplémentaire de ces pièces.

Il convient de considérer le staking non pas comme une spéculation, mais comme une récompense supplémentaire pour la détention d'une pièce que vous souhaitiez de toute façon conserver dans votre portefeuille, un peu comme un dividende d'action.

Prêt de pair à pair

Les plateformes de prêt décentralisées telles que Compound et MakerDAO permettent aux utilisateurs d'emprunter des cryptomonnaies en échange d'une garantie (souvent sous forme d'Ethereum). Ces prêts sont fournis par les propriétaires de pièces qui, en retour, reçoivent des intérêts et parfois aussi des tokens natifs de la plateforme d'échange décentralisée elle-même.

Cette forme de yield farming est plus risquée que de placer vos pièces dans un pool de staking. En plus du risque que le prix puisse chuter, vous courez également le risque que le prêt ne soit pas remboursé. La garantie—souvent les deux tiers du montant emprunté—offre une certaine protection, mais si la valeur du collateral (cryptomonnaie) chute soudainement et que l'emprunteur ne rembourse pas le prêt, cela pourrait vous coûter cher.

D'un autre côté, la récompense est généralement plus élevée. En particulier, les pièces natives que vous recevez souvent pour votre participation active sur la plateforme de prêt décentralisée peuvent être assez conséquentes si le prix de cette pièce augmente. La valeur de Compound (COMP), par exemple, le token natif de la plateforme de prêt décentralisée Compound, est passée d'environ 140 $ à plus de 800 $ au cours des trois premiers mois de 2021.

Un mot de prudence : Si vous choisissez de prêter une partie de vos cryptomonnaies sur une plateforme de prêt, optez pour l'une des plateformes les plus grandes et fiables, et non pour une entreprise peu scrupuleuse qui promet monts et merveilles. Et ne confiez pas l'intégralité de votre portefeuille à une plateforme de prêt. Répartissez toujours votre risque.

Exploitation de la liquidité

Avec l'exploitation de la liquidité, vous fournissez de la liquidité à une plateforme d'échange de cryptomonnaies décentralisée (DEX) en échange d'une récompense.

Comme les plateformes de prêt décentralisées, les plateformes d'échange de cryptomonnaies décentralisées sont un phénomène relativement nouveau. Alors que l'échange de cryptos sur des plateformes comme Binance et Coinbase est facilité par une partie centrale, sur un DEX cela se fait en utilisant des pools de liquidité.

Supposons que vous vouliez convertir du bitcoin en ether sur un DEX. Cela nécessite une partie prête à fournir de l'ether en échange du bitcoin. C'est là qu'intervient le pool de liquidité.

Les pools de liquidité sont une sorte de réservoirs numériques remplis de deux cryptomonnaies différentes, par exemple le bitcoin et l'ether. Un pool de liquidité distinct existe pour chaque paire de crypto. Les déposants reçoivent des tokens de pool de liquidité (tokens LP) représentant la valeur de leur part dans le pool de liquidité en échange de leur dépôt.

Lorsqu'une personne souhaite échanger sa cryptomonnaie, elle paie des frais de transaction, généralement de 0,2% ou 0,3% de la transaction totale, qui sont distribués parmi les participants du pool de liquidité. De plus, les participants au pool de liquidité reçoivent souvent également des pièces natives de l'échange décentralisé en récompense pour avoir engagé leurs cryptos dans le pool. Si la plateforme fonctionne bien, le prix de cette pièce native augmentera, ce qui peut rendre la participation à un pool de liquidité intéressante financièrement.

Vous pouvez déposer les tokens LP—représentant la valeur de votre part dans le pool de liquidité—sur le DEX en échange de plus de tokens natifs. Mais vous pouvez également les déposer auprès d'un tiers, qui essaie alors de maximiser le rendement sur vos tokens LP grâce à diverses constructions automatisées (en échange d'un pourcentage du rendement, bien sûr). Dans ce dernier cas, vous recevriez essentiellement un triple intérêt sur vos cryptos.

Pour résumer :

- La valeur de vos tokens LP augmente car ils reçoivent une partie des frais de transaction payés par les clients lors de l'utilisation du pool de liquidité.
- L'échange vous donne souvent aussi des tokens natifs en récompense.
- En déposant vos tokens LP sur la plateforme, vous recevrez une récompense sous forme de tokens LP supplémentaires, une sorte d'intérêt composé.
- Mais vous pourriez aussi déposer vos tokens LP sur une troisième plateforme qui essaie alors de maximiser le rendement de vos tokens LP.
- Et, oui, cette troisième plateforme offre souvent aussi des parts de leur plateforme à ses utilisateurs.

Si vous jouez intelligemment, vous pourriez recevoir un intérêt sur intérêt, ce qui peut s'accumuler rapidement. Mais bien sûr, les risques sont également plus élevés.

Risques de l'exploitation de la liquidité

Un des risques de l'exploitation de la liquidité est la possibilité de subir ce que l'on appelle une perte impermanente. Pour comprendre cela correctement, il faut approfondir un peu le fonctionnement des pools de liquidité.

Les pools de liquidité consistent généralement en deux cryptomonnaies. En tant que fournisseur de liquidité, vous déposez une valeur égale des deux cryptos dans le pool. Par exemple, si vous souhaitez participer à un pool DOT/DAI et que le DOT vaut actuellement 30 $ et le DAI (une stablecoin) 1 $, vous devriez déposer 30 DAI pour chaque DOT.

Maintenant, supposons que vous déposiez 10 DOT et 300 DAI dans un pool DOT/DAI qui contient déjà 90 DOT et 2700 DAI. Ce pool aurait alors 100 DOT et 3,000 DAI, et votre part serait de 10%.

Mais que se passe-t-il si le DOT prend de la valeur et que celle du DAI reste la même ? (Étant donné que le DAI est une stablecoin, sa valeur ne changera que très peu). Supposons par exemple que le DOT monte en flèche sur d'autres échanges et double de valeur en très peu de temps. Cela signifierait que 1 DOT vaut soudainement 60 DAI. Les traders d'arbitrage commenceront rapidement à acheter du DOT de votre pool, où 1 DOT ne vaut toujours que 30 DAI. (L'arbitrage consiste à profiter des différences de prix sur différents marchés.)

Cependant, étant donné que le ratio dans le pool est automatiquement ajusté pour maintenir le ratio entre les deux cryptos à 50/50, la valeur du DOT commencera également à augmenter dans votre pool, jusqu'à ce qu'elle soit égale à la valeur sur les autres marchés.

Lorsque les effets de l'invasion d'arbitrage se dissipent, il reste 60 DOT et 3 600 DAI dans le pool. Supposons que vous décidiez de quitter le pool maintenant, vous recevriez 6 DOT (10% du total de DOT) et 360

DAI (10% du total de DAI). En d'autres termes, vous recevriez plus de DAI, mais moins de DOT.

La valeur totale de vos 10% est maintenant : 6 x 60 $ + 360 x 1 $ = 720 $

Au moment où vous avez rejoint le pool, la valeur de vos 10 DOT et 300 DAI était de : 10 x 30 $ + 300 x 1 $ = 600 $

Attendez une minute, vous avez donc réalisé un bénéfice. Après tout, la valeur de votre part dans le pool a augmenté de 120 $!

C'est vrai, mais quelle aurait été la valeur si vous aviez simplement gardé votre DOT et DAI dans votre portefeuille ? 10 DOT x (maintenant) 60 $ + 300 DAI x 1 $ = 900 $

En d'autres termes, vous avez perdu 180 $ de profit supplémentaire que vous auriez gagné si vous aviez simplement gardé vos DOT et DAI dans votre portefeuille.

Cette perte est également appelée perte impermanente car c'est une perte « impermanente » ou provisoire tant que vous ne retirez pas votre part du pool. C'est un terme quelque peu trompeur car une perte de trading est évidemment réelle même si vous n'avez pas encore clôturé la position.

Le moyen le plus simple de réduire le risque de perte impermanente est de déposer dans un pool avec deux stablecoins, telles que le DAI et l'USDT (Tether). Après tout, les stablecoins sont spécialement conçues pour varier le moins possible en valeur. D'un autre côté, déposer dans un pool avec une stablecoin et une monnaie plus volatile apportera plus de récompense.

Le risque que vous êtes prêt à prendre est finalement une considération personnelle. Dans tous les cas, sachez que des récompenses plus élevées vont presque toujours de pair avec des risques plus élevés, et que lorsque l'on vous promet un APY de 200%, la probabilité d'une perte impermanente significative est également probablement très élevée.

Faites vos propres recherches

Il est important de s'assurer que l'échange décentralisé (DEX) avec lequel vous faites affaire est une partie fiable. Et si vous choisissez de confier vos tokens LP à une plateforme optimisant les rendements, assurez-vous de ne pas vous associer à une organisation peu sérieuse qui disparaîtra après quelques semaines/mois avec vos tokens LP.

Plus le risque est élevé, plus l'investissement doit être faible

Enfin, nous vous recommandons d'aligner votre risque avec votre portefeuille. En d'autres termes, plus le risque d'un investissement est élevé, plus la part de votre portefeuille que vous devriez réserver à cet investissement devrait être petite.

Partie III

Outils essentiels pour le trading de cryptomonnaies

Pour trader avec succès, vous devez savoir pourquoi et quand vous souhaitez acheter/vendre un actif.

Les investisseurs débutants en cryptomonnaies commencent souvent à acheter et vendre des cryptos sans en savoir beaucoup, suivant simplement les conseils d'amis, d'oncles, et de soi-disant gourous de la crypto. C'est compréhensible, mais qui sont ces prétendus experts et comment savez-vous que ce qu'ils disent a du sens ? De nos jours, toutes sortes d'analyses sont publiées sur les blogs, newsletters, podcasts et chaînes YouTube, mais elles sont souvent des analyses après coup ou des prédictions à peine étayées.

Nous vous recommandons de toujours analyser ces conseils vous-même avant de les suivre. Dans cette section, nous vous fournirons donc un certain nombre d'outils importants que nous utilisons nous-mêmes dans nos analyses et qui vous aideront à construire un solide portefeuille de cryptomonnaies.

13

Analyse fondamentale

L'analyse fondamentale consiste à étudier les facteurs externes qui influencent le prix d'un actif, tels que les développements économiques, les décisions politiques, le sentiment du marché et d'autres événements.

Certains événements ont principalement un impact à court terme, tandis que d'autres ont un effet à plus long terme.

Un exemple d'événement ayant eu un fort impact à court terme fut l'annonce en février 2021 du constructeur automobile Tesla qui avait acheté des bitcoins pour 1,5 milliard de dollars, ce qui a fait grimper en flèche le prix du bitcoin.

Un exemple d'événement ayant eu un effet à plus long terme a été la décision de la Réserve fédérale en mars 2021 de maintenir des taux d'intérêt extrêmement bas pendant une période prolongée, ce qui a été considéré comme positif à long terme pour des actifs résistant à l'inflation comme l'or et le bitcoin.

On pourrait dire que l'analyse fondamentale répond à la question de quoi acheter/vendre, tandis que l'analyse technique répond à la question de quand acheter/vendre.

Les facteurs externes qui peuvent avoir un fort impact sur le marché crypto et/ou sur des cryptomonnaies spécifiques comprennent :

- Une nouvelle réglementation ou des rapports sur une nouvelle réglementation imminente dans des pays clés tels que les États-Unis, l'UE, la Chine et le Japon.
- Un intérêt croissant/diminuant pour les cryptomonnaies de la part des investisseurs institutionnels et des entreprises financières. Par exemple, le bitcoin a grimpé en 2020 après que PayPal a annoncé qu'il allait permettre d'acheter et de vendre des bitcoins.
- Les commentaires d'importants influenceurs (crypto) sur une pièce spécifique. Par exemple, le Dogecoin a explosé en février 2021 après qu'Elon Musk a tweeté une photo d'un chien plantant un drapeau Dogecoin sur la Lune.
- Les commentaires des acteurs clés du monde financier sur le marché crypto. Par exemple, le président de la Réserve fédérale, le président de la BCE, le secrétaire américain au Trésor, etc.
- L'inclusion d'une pièce dans la liste d'une grande bourse crypto telle que Coinbase ou Binance. Cela signifie qu'il y aura très probablement beaucoup plus d'échanges dans cette pièce. Même la rumeur qu'une pièce sera cotée sur une grande bourse suffit souvent pour une forte augmentation de prix. Ceci est également connu sous le nom d'« effet Coinbase » ou « effet Binance ».
- Des posts sur de nouveaux cas d'utilisation pour un projet crypto. Après tout, si l'utilisation de la blockchain d'un projet crypto augmente, la pièce native de ce projet devient également plus importante.
- Des hacks/fuites/bugs/fraudes. Les actualités négatives telles que les hacks d'une bourse crypto, les failles de sécurité ou les bugs dans le code crypto, les attaques à 51% ou les actes de fraude de l'équipe derrière une nouvelle cryptomonnaie peuvent tous avoir un impact négatif sur le marché crypto.

Plus votre horizon de trading est court, plus vous devez garder un œil sur le marché. Si vous voulez simplement acheter du bitcoin et le conserver jusqu'à votre retraite, vous n'avez vraiment pas besoin de suivre tout ce qui se passe sur le marché crypto. Mais lorsque vous tradez activement et avez un horizon de trading de quelques jours/semaines, il est important que vous soyez au courant des évolutions du marché crypto afin de pouvoir réagir rapidement.

Vous pouvez suivre le marché crypto via des sites de données crypto comme Messari et Coinstats et des sites d'actualités comme Coindesk et Cointelegraph. De plus, il existe d'excellents sites agrégateurs de nouvelles comme Cryptopanic et Coingecko.

Effectuer des recherches sur une cryptomonnaie

Pour déterminer si une monnaie en particulier — surtout une nouvelle monnaie — est un bon investissement, il faut commencer par analyser les fondamentaux du projet de blockchain de la monnaie. Cela inclut des questions telles que le type de projet, qui est derrière, combien de financement le projet a-t-il, etc. — essentiellement les mêmes types de questions que vous poseriez si vous décidiez d'investir dans une start-up.

Beaucoup de réponses à ces questions peuvent être trouvées sur Coinmarket.com, qui maintient une page d'information distincte pour presque chaque monnaie. Et bien sûr, le site web du projet lui-même offre souvent également des informations complètes (et s'il ne le fait pas, cela devrait suffire à vous faire hésiter).[37]

37 Les sites web crypto utilisent souvent l'extension .io. L'extension .io est attribuée au Territoire britannique de l'océan Indien, mais ces dernières années, elle a été de plus en plus utilisée par les entreprises technologiques et de jeux vidéo. La raison principale est qu'en informatique, « IO » est l'abréviation de « Entrée/Sortie » (Input/Output en anglais).

Quelle est l'idée fondamentale derrière le projet ?

Quel est le concept derrière le projet et quel problème résout-il ? Plus la proposition est unique et le problème à résoudre est important, mieux c'est. En revanche, si le projet apporte peu, les chances qu'il réussisse sont également moindres.

Un bon exemple de projet blockchain réussi est la plateforme de prêt peer-to-peer Compound. Compound permet d'emprunter et de prêter des cryptomonnaies de pair à pair (c'est-à-dire sans l'intervention d'une institution financière) grâce à un système de smart contracts qui réside sur le réseau Ethereum. Les emprunteurs doivent fournir une partie du prêt en garantie sous forme d'Ether, tandis que les prêteurs verrouillent les cryptos qu'ils sont prêts à prêter dans le protocole Compound. Le taux d'intérêt est variable et est réinitialisé à chaque nouveau bloc. Les prêts peuvent être remboursés à tout moment et les fonds prêtés peuvent être retirés à tout moment.

Le prêt peer-to-peer est un ajout utile au système financier car il facilite et rend moins cher l'emprunt et réduit la dépendance envers les banques et les sociétés de cartes de crédit. Et Compound a innové en cours de route en tokenisant les fonds déposés ; c'est-à-dire en fournissant des cTokens qui représentent la valeur des fonds déposés.

Si vous déposez par exemple la stablecoin USDC sur Compound, vous recevrez des tokens cUSDC qui représentent la valeur de votre dépôt. Comme vous pouvez échanger ces tokens cUSDC contre des USDC à tout moment, vous pouvez continuer à utiliser vos fonds déposés dans d'autres applications décentralisées.

Le potentiel de Compound a également été mis en évidence par le fait qu'un tour de financement de série A, supervisé par la firme d'investissement renommée Andreessen Horowitz, a levé 25 millions de dollars. Coinbase a également été l'un des premiers investisseurs.

Qui sont les fondateurs du projet ?

Si vous envisagez d'investir dans une nouvelle monnaie, il est toujours judicieux de vérifier qui sont les fondateurs du projet. Comme mentionné, la manière la plus rapide de le faire est de consulter la page d'informations de la monnaie sur Coinmarketcap.

Si les fondateurs sont anonymes, cela serait pour nous un signal d'alarme. Si les noms des fondateurs sont divulgués, examinez leur parcours. Que faisaient-ils avant de lancer ce projet ? Ont-ils participé à d'autres projets crypto ? Comment cela s'est-il passé ?

Vérifiez également quel sera le nombre maximal de tokens émis. Y a-t-il un calendrier fixé pour l'émission de nouvelles pièces, comme c'est le cas pour le bitcoin, ou toutes les pièces sont-elles émises en une seule fois ? Et quel est le schéma de distribution des pièces du projet ? Si les fondateurs réservent une part disproportionnée des pièces pour eux-mêmes, par exemple, cela pourrait indiquer une possible arnaque à la sortie.

Développement d'un projet

Sur Medium.com et GitHub, les projets publient souvent des informations concernant le développement.[38] Plus l'information sur des sites comme ceux-ci est pertinente et récente, plus elle inspire confiance. Comme mentionné précédemment, vous pouvez également trouver une mine d'informations sur des sites comme Coinmarketcap et Coingecko, y compris sa capitalisation boursière, sur quelles plateformes d'échange de cryptomonnaies la pièce est échangeable, quel est le nombre total de pièces émises, quel est ou sera le nombre total de pièces, combien de pièces sont en circulation, etc.

Lorsqu'un projet partage peu d'informations sur ses progrès, c'est un signal d'alarme. Les escrocs font généralement peu ou pas d'efforts pour informer la communauté. Soyez donc vigilant si vous trouvez peu ou pas d'informations sur un projet.

---

38 GitHub est une plateforme de développement open source basée sur le web et un service d'hébergement sur lequel les utilisateurs peuvent partager leurs fichiers, documents et codes informatiques.

Utilisation et cas d'utilisation d'une pièce

Comme mentionné précédemment, plus un projet est unique et apporte de la valeur, plus grande est la chance de succès pour la pièce native de ce projet.

Un exemple de projet avec un bon cas d'utilisation est VeChain, une plateforme de provisionnement basée sur la technologie blockchain. VeChain opère sur de nombreux fronts, de l'industrie automobile à la distribution de contenus numériques en passant par le secteur agricole. VeChain compte également de nombreux partenariats, dont PWC, BMW, LVMH, DNV LG, Kuehne & Nagel, et DB Schenker. Inutile de dire que cela crée beaucoup de valeur pour VeChain. La pièce VeChain (VET) fait partie des 50 premières pièces et a une capitalisation boursière de plus de 3 milliards de dollars.

Analyse des métriques on-chain

Vous pouvez également étudier les métriques dites « on-chain », telles que le nombre d'adresses depuis lesquelles une pièce est envoyée et reçue et quelle est la valeur de transaction d'une blockchain. Plus la valeur de transaction est élevée et plus un projet a d'adresses, mieux c'est. En revanche, si une blockchain de projet est peu utilisée, c'est généralement un signe avant-coureur, sauf s'il s'agit d'un tout nouveau projet.

L'analyse on-chain est un domaine de recherche qui est devenu de plus en plus populaire parmi les traders de cryptomonnaies. Elle consiste à analyser les données de la blockchain pour obtenir une meilleure compréhension de la valeur réelle d'une cryptomonnaie et de la manière dont elle est utilisée, afin d'essayer de prédire son évolution de prix.

Bien que l'analyse on-chain puisse vous donner une idée du sentiment du marché, elle ne relève pas vraiment de l'analyse fondamentale. Elle est également différente de l'analyse technique traditionnelle. Nous en discuterons donc séparément au Chapitre 17.

Situations où il ne faut pas investir dans une pièce

Nous avons mentionné un certain nombre de signaux d'alarme dans ce chapitre concernant les projets crypto (nouveaux ou existants). Si vous avez des doutes sur un projet qui est encore en phase de lancement et dont les pièces ne sont pas encore échangeables sur une bourse crypto, ne l'investissez pas.

De plus, ne vous laissez pas berner par des promesses selon lesquelles des pièces sans aucune cotation vaudront des milliards à l'avenir. Ce ne sont que des promesses en l'air pour attirer les investisseurs. Examinez les fondamentaux et prenez votre décision sur cette base.

Et enfin : si vous ne voyez pas l'utilité d'un projet ou si vous ne comprenez pas quel problème il résoudra ou ce qu'il fait mieux que ses concurrents, ne l'investissez pas. N'investissez que dans les projets auxquels vous croyez.

14

Analyse technique

L'analyse technique est l'étude des prix passés dans le but de prédire les prix futurs. Les analystes techniques utilisent des graphiques et des indicateurs techniques pour interpréter les mouvements de prix.

Autrement dit, l'analyse technique tente de répondre à la question de quand acheter/vendre un actif.

Les trois principes de base les plus importants de l'analyse technique sont les suivants :

- Le marché prend finalement tout en compte : ainsi, toutes les données sont contenues dans le prix.
- Les prix évoluent soit selon une tendance (à la hausse/à la baisse), soit latéralement.
- L'histoire se répète ; c'est la raison pour laquelle il existe des zones de support et de résistance ainsi que des motifs dans les graphiques.

Graphiques

L'outil le plus important de l'analyste technique est le graphique. Les graphiques illustrent l'éternelle bataille entre les taureaux (acheteurs) et les ours (vendeurs) et montrent en un coup d'œil, qui est en train de gagner à ce moment-là. Pour paraphraser un dicton bien connu : un graphique vaut mille mots.

Il existe plusieurs types de graphiques, mais les trois les plus couramment utilisés sont le graphique en ligne, le graphique en barres et le graphique en chandeliers.

Le graphique en ligne est basé sur le prix de clôture. Un graphique en ligne quotidien est simplement une ligne tracée le long des prix de clôture quotidiens. Regardez le graphique en ligne de Bitcoin pour la période février-mars 2021 ci-dessous.

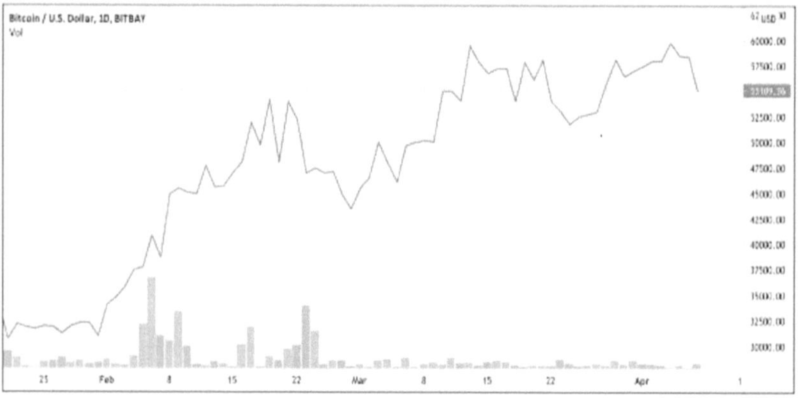

Le graphique en ligne ci-dessus donne une image claire de la tendance des prix, mais ne fournit que peu de détails sur la manière dont la lutte s'est développée.

Le graphique en barres donne un peu plus d'informations. Il montre non seulement le prix de clôture, mais aussi le prix d'ouverture, le prix le plus élevé et le prix le plus bas sur une période donnée. Ci-dessous se trouve le graphique en barres pour Bitcoin pour la même période.

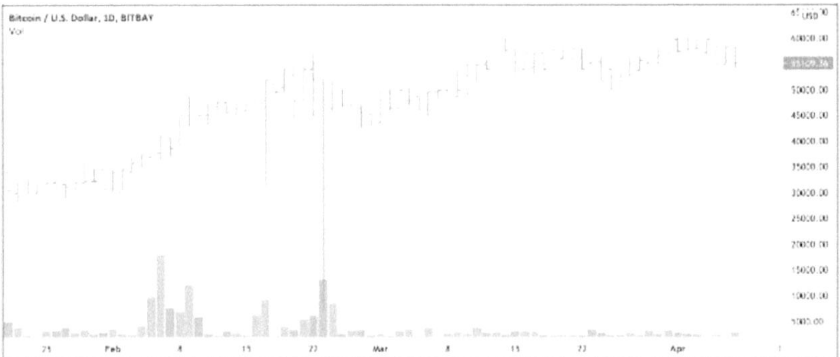

Chaque barre vous indique quel était le prix d'ouverture, le prix de clôture, le prix le plus élevé et le prix le plus bas. Voyez ci-dessous comment cela est affiché pour chaque barre.

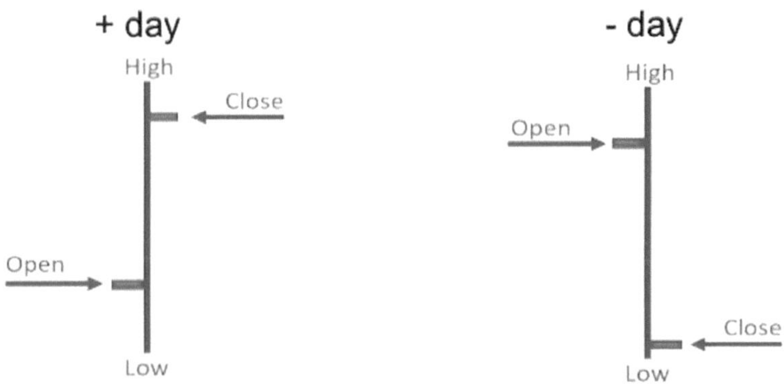

Le graphique en chandeliers japonais est similaire au graphique en barres mais représente un peu plus clairement le mouvement des prix au sein de chaque période. Un graphique en chandeliers vous montre vraiment en un coup d'œil qui est en train de gagner : les taureaux ou les ours. Voir un exemple ci-dessous.

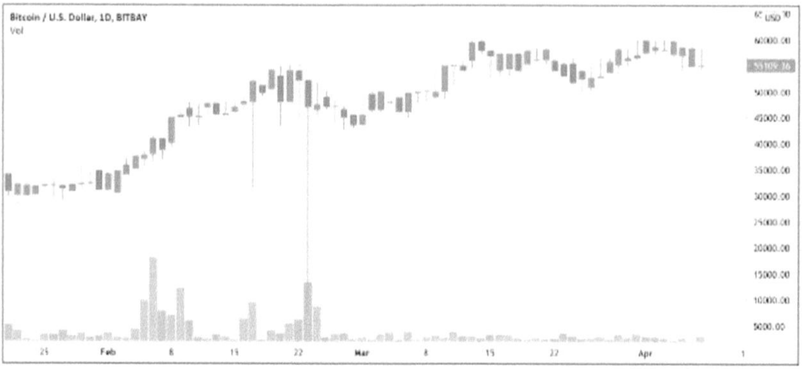

Les graphiques en chandeliers sont devenus omniprésents dans l'analyse des échanges au cours des dernières décennies. C'est pourquoi nous les discuterons plus en détail ci-dessous.

Chandeliers japonais

Le graphique en chandeliers a été, dit-on, développé au 18ème siècle par le commerçant de riz japonais Munehisa Homma et par la suite popularisé dans les années 1990 par Steve Nison dans son livre « Japanese Candlestick Charting Techniques ».[39]

Les graphiques en chandeliers peuvent être présentés dans n'importe quelle unité de temps. Par exemple, sur une unité de temps d'une minute, 1 chandelier illustre la force/le mouvement du marché par minute ; sur une unité de temps d'une journée, 1 chandelier représente le mouvement par jour, etc.

Un chandelier est représenté par un corps et des mèches (aussi appelées ombres). Le corps est la partie la plus épaisse du chandelier, les mèches en sont la partie fine.

39 De manière intéressante, dans « Beyond Candlesticks », Nison soutient qu'il est peu probable que Munehisa Homma ait réellement utilisé des graphiques en chandeliers. Nison pense qu'il est plus probable que le graphique en chandeliers ait été développé au Japon à la fin du 19ème siècle.

Les extrémités des mèches représentent le prix le plus élevé et le prix le plus bas de la période. Si le prix de clôture est supérieur au prix d'ouverture, le corps est vert ou blanc. Dans ce cas, le prix de clôture est le haut du corps. Dans le cas d'un chandelier rouge/noir, le prix de clôture était inférieur et correspond au bas du corps.

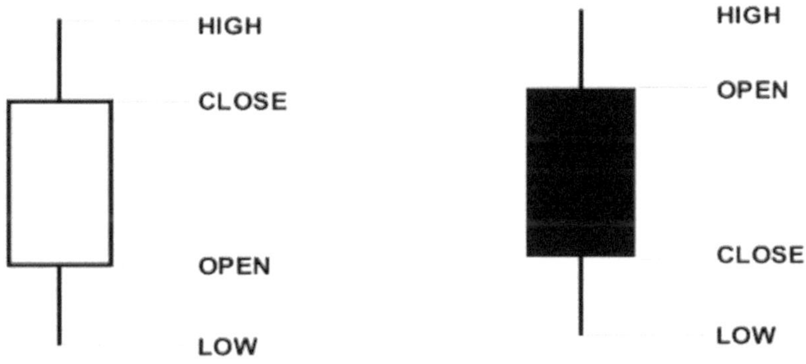

Les mèches (la partie fine du chandelier) montrent les points hauts et bas du prix pendant cette période. Cela peut vous donner beaucoup d'informations supplémentaires.

Par exemple, si un chandelier vert n'a pas de mèche en haut, cela signifie que le prix a clôturé au point le plus élevé de cette période - un signal haussier. Si, en revanche, un chandelier vert a une très longue mèche en haut (ou qu'un chandelier rouge a une très longue mèche en bas), cela indique qu'un certain niveau de prix a clairement été rejeté - un signal que le prix pourrait commencer à se déplacer dans la direction opposée. Et bien sûr : plus les mèches sont longues, plus le marché était volatil pendant cette période.

Dans son livre sur les chandeliers, Steve Nison aborde de nombreux modèles différents. Ce livre ne peut pas les aborder ici non plus en raison de leur ampleur. De plus, rien ne remplace l'apprentissage de la lecture des graphiques par vous-même, ce qui, en fin de compte, ne peut se faire que par la pratique.

Vous pouvez facilement créer des graphiques et des listes de surveillance de cryptos et d'autres actifs dans le programme de graphiques gratuits Tradingview. Il en va de même pour l'application Coinmarketcap et les différents traceurs de portefeuille crypto sur le marché, dont beaucoup ont des versions gratuites. Plus vous regardez les graphiques, plus vous apprendrez à interpréter les différents modèles de chandeliers. Et pour vous aider à démarrer, nous discuterons de certains des modèles de prix les plus importants au Chapitre 16.

Un exemple de puissant signal d'achat est lorsque le prix dépasse le point le plus élevé de la journée précédente. C'est encore mieux lorsque cette percée est précédée d'une phase de consolidation. À l'inverse, si le prix dépasse le bas de la journée précédente, cela serait un signal de vente assez fort.

Lorsque le prix atteint un nouveau sommet ou un nouveau creux, nous sommes en territoire inconnu. Un vieux dicton dit qu'il ne faut jamais essayer de vendre au sommet ou d'acheter au creux. C'est parce qu'à des moments comme celui-ci, il y a souvent une forte dynamique, et vous ne savez jamais si le prix pourrait monter ou descendre encore plus.

N'oubliez pas que le prix n'est jamais trop élevé ou trop bas, et que le marché a toujours raison. Restez donc objectif et ajustez votre stratégie si nécessaire.

L'importance du volume de trading

Le volume de trading peut vous donner une indication sur la force d'un mouvement. Un volume de trading élevé indique qu'il peut y avoir de nombreux acheteurs et vendeurs actifs sur le marché. Une cassure à un volume de trading élevé est donc un signal plus fort qu'une cassure à un faible volume. Le volume de trading est souvent affiché au bas d'un graphique.

La différence entre le prix de l'offre et le prix de la demande est également plus petite lorsque la liquidité est élevée. Lorsque la liquidité est faible, il peut être difficile de clôturer une position dans une monnaie moins courante.

Cela ne veut pas dire que vous ne devriez pas investir dans une monnaie plus petite. Au contraire, si vous avez effectué des recherches appropriées et trouvez une monnaie intéressante, vous pouvez toujours choisir de l'acheter. Mais gardez à l'esprit que les nouvelles monnaies ont souvent un écart plus important et une liquidité plus faible.

Indicateurs techniques

Là où les graphiques montrent l'évolution des prix, les indicateurs techniques se concentrent sur le développement de cette évolution. Les indicateurs techniques peuvent fournir un aperçu précieux du momentum et de la force d'un mouvement de prix et des éventuels retournements de tendance. Ci-dessous, nous discuterons de quelques-uns des indicateurs les plus populaires.

Moyennes mobiles (moving averages)

Les moyennes mobiles sont utilisées pour mieux visualiser la tendance d'un prix. Avec une moyenne mobile simple, vous additionnez les prix sur une certaine période et divisez par cette période. De cette façon, vous pouvez voir plus clairement comment la tendance s'est développée avec le temps.

La moyenne mobile sur 10 jours (MA) est calculée en additionnant les 10 derniers prix quotidiens et en divisant le résultat par 10. On parle également de SMA (Simple Moving Average, moyenne mobile simple).

Une SMA sur une période plus longue, par exemple sur 100 ou 200 jours, montre le niveau de prix actuel par rapport à la tendance à long terme. Si le prix actuel est au-dessus de la SMA, le mouvement est à la hausse, s'il est en dessous, il est à la baisse. Les SMA peuvent être très utiles, mais elles ont un inconvénient majeur. Car chaque période est pesée également, une SMA donne peu d'informations supplémentaires sur le momentum de l'action de prix la plus récente.

Deux variantes de la SMA qui fournissent cette information sont la moyenne mobile exponentielle (*Exponential Moving Average*, EMA) et la moyenne mobile pondérée (*Weighted Moving Average*, WMA). Plus la période est récente, plus les deux y attribuent du poids. L'idée derrière cela est simple mais logique : plus le prix est récent, plus il est pertinent pour essayer de prédire le prix futur.

Un exemple simple d'une WMA est de multiplier le prix de la période la plus récente par le facteur du nombre total de périodes, par exemple 10, la période précédente par 9, celle d'avant par 8, etc. Ainsi, les périodes les plus récentes ont beaucoup plus de poids que les moins récentes.

L'avantage des moyennes mobiles est que vous pouvez facilement déterminer la tendance. L'inconvénient est que, par définition, elles sont en retard sur l'action des prix.

Certains traders techniques combinent des moyennes mobiles de différentes périodes pour générer des signaux d'achat et de vente. Lorsqu'une moyenne mobile de période plus courte croise une moyenne mobile de période plus longue par le bas, par exemple, un signal d'achat est généré ; lorsqu'elle croise par le haut (c'est-à-dire lorsque le prix baisse), un signal de vente est généré. Parfois, trois moyennes mobiles différentes sont également utilisées.

L'idée derrière ces types de signaux de croisement est qu'ils fournissent un aperçu du momentum d'une évolution des prix. Pourtant, ici aussi, il y a un retard par rapport à l'action des prix. Car lorsqu'il y a un fort momentum, le prix a souvent déjà effectué un mouvement ascendant ou descendant considérable avant que la MA la plus courte ne croise la MA la plus longue.

Une stratégie SMA avec moins de retard est ce qu'on appelle l'échange de serré à large (*tight to wide strategy*). Ici, un signal est généré lorsque trois SMA de différentes périodes sont proches les unes des autres puis commencent à diverger, avec la MA courte au-dessus de la MA moyenne et la MA moyenne au-dessus de la MA longue. Ici, nous sommes bien plus au début du mouvement (potentiel), il y a donc moins de chances de retracement, ou de retournement de prix dû à la prise de profit.

Les MA peuvent fournir un aperçu du développement des prix et parfois générer des signaux d'achat/vente. Pour les traders impatients, l'utilisation de signaux d'achat et de vente peut également aider à cultiver la discipline. Au final, vous ne devriez pas accorder trop d'importance à ces types de signaux. Utilisez-les comme une partie de votre décision, bien sûr, mais pas comme un substitut à votre prise de décision personnelle.

Indicateur de Force Relative (RSI)

L'Indicateur de Force Relative (RSI) a été développé dans les années 1970 par Welles Wilder. Il examine la relation entre les moyennes des hausses et des baisses de prix sur une période donnée, généralement entre 10 et 14 jours.

Le RSI est toujours un nombre compris entre 0 et 100. Lorsque le prix d'un actif a un RSI supérieur à 80, il est considéré comme suracheté ; lorsque le RSI est inférieur à 20, il est considéré comme survendu.

Le signal RSI le plus important est généré lorsque l'action du prix montre des pics plus élevés/des creux plus profonds, mais que le RSI ne fait pas correspondre les pics plus élevés/les creux plus bas, ou lorsque le RSI montre des pics plus élevés/des creux plus bas, mais que le prix réel ne le fait pas. En bref, c'est lorsque le développement du prix diverge du développement du RSI. Ceci est considéré comme un signal de renversement de tendance, ou un signe que le marché pourrait être sur le point de s'inverser.

On parle de divergence positive lorsque le RSI montre des sommets plus élevés tandis que le prix montre des sommets plus bas ; cela indique un momentum pour une hausse supplémentaire. Dans le cas d'une divergence négative, le prix lui-même montre des sommets plus élevés mais le RSI fait entretemps des sommets plus bas ; cela indique une diminution du momentum et une chance croissante d'un renversement de tendance.

Une situation de surachat ou de survente peut durer longtemps, mais les divergences sont souvent un signe qu'un événement est sur le point de se produire. C'est important, car les utilisateurs débutants du RSI tirent souvent de mauvaises conclusions sur la base du RSI. Si le RSI est supérieur à 80, ils ont tendance à vendre, et si le RSI est inférieur à 20, ils ont tendance à acheter. Mais si le momentum est fort, le RSI peut rester à un niveau élevé ou bas pendant longtemps sans que la tendance ne change.

Il est donc préférable d'examiner la divergence entre le RSI et le prix pour générer des signaux d'achat/vente.

Convergence et Divergence des Moyennes Mobiles (MACD)

Le MACD est un indicateur de momentum qui suit la tendance et qui combine deux moyennes mobiles.

Le MACD est la différence entre l'EMA (moyenne mobile exponentielle) de 26 périodes et l'EMA de 12 périodes. Le résultat est la ligne MACD. La ligne MACD est donc une dérivée d'une dérivée de l'action des prix, dans le but de représenter le momentum d'un développement de prix.

Une EMA de 9 périodes basée sur le MACD - appelée ligne de signal - est ensuite affichée dans le MACD (cette ligne de signal est donc une dérivée d'une dérivée d'une dérivée de l'action réelle des prix, pour simplifier).

Lorsque le MACD passe au-dessus de la ligne de signal, un signal d'achat est généré, lorsqu'il passe en dessous de la ligne de signal, un signal de vente est généré. Une divergence entre la ligne de signal et le MACD peut également générer un signal d'achat/vente.

Les indicateurs techniques peuvent aider à fournir des informations sur le marché et générer des signaux d'achat/vente qui confirment votre propre analyse. En ce sens, ils apportent certainement quelque chose.

De nos jours, nous utilisons nous-mêmes peu d'indicateurs, nous préférons analyser le marché directement à partir du graphique. À notre avis, les graphiques en chandeliers fournissent suffisamment d'informations sur la direction du marché la plupart du temps. Dans les chapitres suivants, nous approfondirons donc les concepts importants du trading technique et notamment le support et la résistance ainsi que les motifs de prix.

15

Support et résistance

Le concept de support et de résistance est l'un des principes les plus fondamentaux dans le trading. Ce sont des niveaux où l'offre et la demande se concentrent, et où le prix peine à franchir, les rendant idéaux pour être utilisés comme points techniques d'entrée et de sortie.

Les niveaux de résistance et de support peuvent être identifiés en traçant des lignes soit horizontales, soit inclinées le long des sommets ou des creux. Personnellement, nous utilisons rarement les lignes inclinées, car les niveaux de résistance/support résultants ne sont pas aussi évidents que les lignes horizontales, dont les indices de prix correspondants peuvent être repérés d'un simple coup d'œil et sont donc beaucoup mieux « mémorisés » par le marché.

Les lignes de support et de résistance inclinées sont également beaucoup plus facilement rompues dans un marché en mouvement latéral, tandis que les niveaux horizontaux ont tendance à être des points de retournement plus fiables dans de telles circonstances. Enfin, lorsque les lignes horizontales sont rompues, on observe souvent une accélération dans le développement des prix car les grappes d'ordres ont tendance à être concentrées autour de ces niveaux.

Vous pouvez trouver des niveaux de support et de résistance sur des graphiques de toutes périodes (1 minute, 5 minutes, 1 heure, 1 jour), mais les niveaux de support/résistance intra-journaliers sont évidemment moins importants que les niveaux qui apparaissent sur les graphiques en chandeliers hebdomadaires ou mensuels. Plus la période est longue, plus le niveau de support ou de résistance est important.

Causes des niveaux de support et de résistance

Les taureaux (acheteurs) et les ours (vendeurs) sont constamment en combat. Parfois, ce sont les taureaux qui gagnent, parfois les ours. Cependant, autour des niveaux de support et de résistance, ils sont soudainement brièvement équilibrés.

Autour d'une zone de support, les acheteurs commencent soudainement à affluer tandis que l'élan des vendeurs s'éteint. Dans une zone de résistance, ce sont les vendeurs qui arrêtent l'élan des acheteurs.

Il peut y avoir différentes raisons à cela – une prise de bénéfices, un afflux soudain de chasseurs de bonnes affaires, l'absence de nouveaux développements pour maintenir l'élan - mais cela se produit souvent autour de niveaux psychologiquement significatifs. Pour franchir ces types de niveaux, les taureaux - ou dans une tendance à la baisse, les ours - ont besoin d'un élan supplémentaire, d'une puissance supplémentaire. S'ils l'ont, les choses peuvent évoluer rapidement une fois la percée effectuée.

Cependant, une rupture technique ne signifie pas qu'il n'y a pas de retour en arrière. Le niveau de support ou de résistance rompu continue souvent d'exercer une certaine influence sur le développement du prix tant qu'il reste à proximité. Le prix doit vraiment dépasser la sphère d'influence immédiate du niveau de support/résistance avant que la rupture soit considérée comme durable.

Bien sûr, nous ne savons jamais à l'avance si un niveau tiendra ou non, mais si un niveau de résistance/support important est rompu, il est considéré comme un signal fort.

Comment utiliser le support et la résistance ?

Les prix des actifs se déplacent souvent dans des tendances à plus long terme, formant des sommets et des creux. Lorsqu'un sommet précédent a été franchi, il devient souvent un nouveau support. Lorsqu'un creux précédent a été franchi, il devient souvent une nouvelle résistance.

Nous parlons de tendance haussière lorsque des sommets et des creux plus élevés sont formés. Dans une tendance à la baisse, les creux et les sommets deviennent de plus en plus bas.

Les marchés évoluent latéralement une grande partie du temps. Pendant ces périodes, les niveaux de support et de résistance jouent souvent un rôle plus important que pendant les périodes de tendance, car dans un marché en zigzag, ni les taureaux ni les ours n'ont assez de force pour franchir les niveaux de support et de résistance.

Mais les niveaux de support et de résistance sont également importants pendant une période de tendance. Par exemple, de nouveaux niveaux de support et de résistance testent si une tendance est toujours intacte. Et pendant une période de correction, les niveaux de support servent de zones défensives dans les marchés en tendance ascendante alors que les niveaux de résistance servent de zones défensives dans les marchés en tendance descendante. Si un tel support défensif ou résistance défensive est rompu, cela pourrait signaler un renversement de tendance, surtout si la correction est suivie d'un sommet inférieur dans une tendance haussière ou d'un creux supérieur dans une tendance baissière.

Étant donné les caractéristiques des niveaux de support et de résistance, vous pouvez les utiliser pour définir :

Les points d'entrée — par exemple, en plaçant un ordre d'achat au-dessus d'un niveau de résistance (dans une tendance haussière) pour négocier la percée. Pour réduire le risque d'une fausse percée, vous pourriez attendre qu'une bougie se soit fermée au-dessus de la résistance. Dans un marché en mouvement latéral, vous pouvez utiliser les niveaux de support et de résistance pour entrer dans la direction du prix lorsqu'un niveau vient d'être rejeté.

Les objectifs de prix — par exemple, en plaçant un ordre de vente en dessous d'un sommet précédent dans une tendance haussière.

Les stops de perte — par exemple, en plaçant un ordre de vente en dessous d'une certaine zone de support dans une tendance haussière.

Conseils de trading autour des supports et résistances

Voici quelques conseils importants pour utiliser efficacement les supports et résistances en tant que trader.

Il peut parfois être tentant de prendre une position opposée à la direction dans laquelle le marché évolue, mais c'est un pari risqué. Il est souvent préférable d'attendre et de voir ce qui se passe autour d'un niveau de support ou de résistance important, puis de suivre le marché.

Si un niveau de prix est fermement rejeté - lorsqu'une bougie a une longue mèche, par exemple - c'est un signal plus fort que lorsque le prix reste autour d'un certain niveau pendant un temps plus long.

Plus un support ou une résistance est respecté, plus il devient important. N'oubliez pas que ces millions d'autres traders regardent également le prix et voient, tout comme vous, qu'un niveau de prix est de nouveau respecté. Utilisez cette information.

Souvent, plus le temps passe depuis qu'un niveau de support ou de résistance a repoussé un prix, moins il devient pertinent. Une exception concerne les niveaux légendaires, comme le niveau de 20 000 $ pour le bitcoin. Cependant, la plupart des niveaux n'ont pas ce statut légendaire et sont parfois brisés comme une brindille dans une tempête quelques mois après avoir initialement stoppé le prix.

Ne compliquez pas trop la recherche de supports et de résistances. Si vous ne pouvez pas les repérer à l'œil nu sur un graphique, il faut se demander s'ils sont vraiment importants. C'est également la raison pour laquelle, comme mentionné précédemment, nous ne sommes pas fans des lignes de support et de résistance inclinées.

Enfin, comprenez qu'il vaut toujours mieux réagir à une percée plutôt que d'essayer de l'anticiper. Si vous commencez à deviner et à être préoccupé par des pensées telles que « je m'attends à ce que ceci ou cela se produise », etc., vous pourriez perdre la capacité de regarder le marché objectivement. Si vous prenez ensuite une position et qu'elle se retourne contre vous, il sera d'autant plus difficile de rester objectif et d'accepter la perte.

16

Modèles de graphiques

Les prix du marché sont le résultat de la lutte constante entre les acheteurs et les vendeurs, les taureaux et les ours, un mélange de spéculateurs, d'investisseurs particuliers et d'investisseurs institutionnels.

Il est important de comprendre que derrière toutes ces bougies rouges et vertes qui montent et descendent, les mèches longues et courtes, la dynamique à la hausse, la dynamique à la baisse, il y a des personnes : des baleines professionnelles, des fonds spéculatifs, des traders propriétaires et autres, aux millions de traders particuliers, y compris les novices attirés par les histoires de richesses faciles, les trentenaires qui veulent un peu parier, et les retraités qui s'adonnent au day trading. Et certes, il y a de nombreux robots de trading et systèmes de trading automatisés sur le marché, mais eux aussi ont été créés par des personnes et peuvent finalement être outrepassés par des personnes.

En bref, le trading est effectué par des personnes. Et bien que les gens soient souvent émotionnels et certainement pas toujours rationnels, ils ne sont pas complètement irrationnels non plus. Ce que nous voulons dire, c'est que tout le monde regarde ces graphiques, ces niveaux de support et de résistance et ces modèles de graphiques, tout ce qui peut leur donner une idée des évolutions futures des prix. Cela renforce à son tour la probabilité que ces niveaux et modèles fonctionnent réellement — c'est la célèbre prophétie auto-réalisatrice.

En d'autres termes, les prix ne se développent pas complètement au hasard. Il y a des fondamentaux sous-jacents qui influencent le prix — comme la nouvelle qu'un grand investisseur a décidé d'investir cinq pour cent de ses actifs dans le bitcoin, par exemple — il y a des facteurs psychologiques — comme le bitcoin franchissant les 20 000 $ en décembre 2020 — et il y a toutes sortes de signaux techniques, tels que des hauts plus bas et des bas plus profonds. Tous ces facteurs affectent le comportement des traders et des investisseurs, et il est important d'en être conscient.

Dans ce chapitre, nous examinerons certains modèles importants dans les graphiques auxquels nous prêtons nous-mêmes attention. Il existe des centaines de types de modèles, et vous n'avez certainement pas besoin de les connaître tous, mais certains des plus courants et révélateurs doivent être reconnus.

Il faut apprendre à lire le rythme du marché, et cela ne peut se faire qu'en effectuant beaucoup d'analyses d'action des prix et en investissant soi-même. Que vous tradiez des actions, des contrats à terme, du forex ou des cryptos, cela ne fait pas beaucoup de différence. La dynamique du marché est en grande partie la même, bien que la volatilité soit généralement plus élevée sur le marché des cryptos.

Motif du double creux

Le motif du double creux est un motif de fond très puissant. Dans ce motif, les ours font d'abord un nouveau creux. Ensuite, le prix se redresse jusqu'à ce que les ours aient accumulé suffisamment de momentum pour faire baisser le prix à nouveau.

Cependant, le 1er creux devient maintenant une zone de support et les ours échouent à pousser le prix en dessous de celui-ci. C'est un signe clair de la faiblesse des ours.

Si le prix se redresse maintenant, il y a de bonnes chances que — parfois après une période de mouvement latéral — la ligne de cou soit à nouveau atteinte. Si les taureaux ont alors suffisamment de momentum pour franchir la ligne de cou, ce serait un signal fort pour un possible renversement de tendance, dans ce cas à la hausse.

Une stratégie courante est d'ouvrir un commerce lorsque le prix a franchi la ligne de cou, car cela indique un momentum clair pour les taureaux.

Dans un motif de double sommet, ce sont les taureaux qui perdent du momentum car ils ne parviennent pas à dépasser le premier sommet.

Motif tête-épaules

Le motif tête-épaules est l'un des motifs de prix les plus fiables et présente une haute probabilité de réussite du trade. C'est aussi un motif très facile à reconnaître.

Dans un motif tête-épaules, un sommet plus élevé — la tête — est flanqué de chaque côté par deux sommets plus bas — les épaules. Cela signifie essentiellement que les acheteurs ne sont plus en mesure de faire monter le prix au-dessus du sommet précédent (la tête) et sont donc du côté des perdants.

La ligne de cou forme la zone de support. Dès qu'elle est franchie, un objectif de prix peut souvent être atteint, qui est égal à la distance entre la tête et la ligne de cou.

Dans un motif tête-épaules inversé, un creux plus bas est flanqué de deux creux plus élevés. Ici, ce sont les taureaux qui reprennent la main.

Motifs triangulaires

Les formations triangulaires se présentent sous de nombreuses formes et tailles. De manière générale, nous pouvons identifier le triangle symétrique, le triangle ascendant et le triangle descendant.

Triangle symétrique

Le triangle symétrique indique une période de consolidation où le marché recherche une direction. Les sommets deviennent de plus en plus bas tandis que les creux deviennent de plus en plus hauts, et la direction dans laquelle le marché va sortir n'est pas claire.

Dans cette situation, il est conseillé d'attendre une sortie et de suivre ensuite la direction de cette sortie.

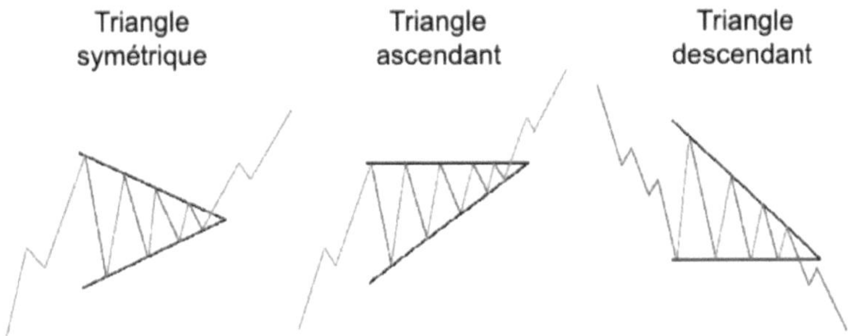

Triangle ascendant

Un triangle ascendant indique également une phase de consolidation, mais dans cette situation, la pression à l'achat augmente. Les creux deviennent plus hauts tandis que les sommets restent à peu près au même niveau.

Il y a de bonnes chances d'assister à une sortie à la hausse ici, bien que ce ne soit évidemment pas garanti. Vous pourriez placer un ordre limite au-dessus de la ligne horizontale du sommet, afin de pouvoir en profiter dans le cas où une sortie est effectivement provoquée mais vous pouvez aussi rester en dehors du commerce si la sortie ne se produit pas.

Triangle descendant

Un triangle descendant représente une phase de consolidation pendant laquelle la pression à la vente ne cesse d'augmenter. Les sommets deviennent de plus en plus bas, tandis que les creux restent à peu près au même niveau.

Ici, il y a une forte probabilité d'une sortie à la baisse. Vous pourriez placer un ordre limite ici en dessous de la ligne horizontale du bas.

Vous devriez toujours regarder attentivement où le marché sort : si le triangle est brisé par le haut, il peut être judicieux d'acheter et d'essayer de profiter d'un mouvement à la hausse ; si le triangle est brisé par le bas, vous pourriez vendre à découvert et essayer de bénéficier d'un momentum à la baisse.

En d'autres termes, allez toujours du côté de la sortie et tradez avec la tendance. Comme le dit si bien un dicton populaire : la tendance est votre amie.

17

Analyse on-chain

L'analyse on-chain est l'utilisation des données publiques de la blockchain pour obtenir une vision de la valeur réelle d'une pièce et de son évolution de prix prévue.

Les analystes on-chain examinent des éléments tels que le nombre de transactions, la valeur moyenne des transactions, la croissance du nombre d'adresses actives, l'afflux des portefeuilles cryptos vers les échanges et inversement, etc.

L'analyse on-chain est étroitement liée à l'analyse technique mais demeure fondamentalement différente. En effet, tandis que l'analyse technique étudie le développement des prix, l'analyse on-chain regarde principalement en coulisse ce qui motive ce développement.

Les données avec lesquelles travaillent les analystes on-chain sont moins directes que l'action des prix sur un graphique en chandeliers. Elle est donc moins adaptée aux traders actifs qui veulent savoir ce qui se passe minute par minute. Toutefois, sur un terme un peu plus long, l'analyse on-chain donne une image plus fiable que l'analyse technique seule, car elle donne un aperçu de qui dirige l'action des prix (grands investisseurs - baleines - ou détaillants et spéculateurs), de ce qu'ils font (les pièces achetées sont-elles dirigées vers de nouvelles adresses ou des adresses existantes, par exemple ?), où ils conservent leurs actifs cryptographiques (sur une bourse ou en stockage à froid) et bien plus.

La réponse à ces questions peut fournir des informations cruciales. Si un mouvement de prix est dirigé par le comportement de grands investisseurs, par exemple, cela en dit plus sur les perspectives à long terme d'une pièce que si ce sont principalement de petits investisseurs de détail qui entrent ou sortent. De même, si les données on-chain montrent qu'une hausse des prix est principalement due à un manque d'offre - car de nombreux grands détenteurs de pièces conservent leur crypto en stockage à froid, par exemple - cela indique quelque chose sur la force à long terme d'un mouvement. Il en va de même lorsqu'il s'avère que la majorité des pièces achetées sont directement retirées de la bourse et placées en stockage à froid (hors ligne), ce qui indiquerait que les pièces ne sont pas achetées dans le but de spéculer à court terme.

L'analyse on-chain n'est pas la panacée pour prévoir les prix (rien ne l'est), mais elle peut fournir de forts signaux. Vous ne devriez donc pas voir ce type d'analyse comme un oracle infaillible mais plutôt comme un outil supplémentaire qui peut vous aider à mieux évaluer la probabilité d'une prédiction.

L'analyse on-chain a fortement gagné en popularité ces dernières années, et il existe désormais des centaines d'indicateurs on-chain. Examinons quelques-uns des indicateurs on-chain les plus populaires.

Jours de Monnaie Détruits

L'analyse on-chain a commencé en 2011 avec l'introduction du premier indicateur on-chain : Jours de Monnaie Détruits. Cet indicateur examine l'activité économique d'une monnaie : plus les monnaies ont été inactives, plus cet indicateur accordera de poids à l'activité. En soustrayant davantage de « jours de monnaie » de la vente d'une monnaie, surtout lorsqu'elle était inactive, vous obtenez une image plus précise de ce qui se passe exactement du côté de l'offre.

Quelques exemples :

3 BTC qui ont été inactifs pendant 100 jours ont accumulé 300 jours de monnaie.

0,5 BTC qui ont été inactifs pendant 100 jours ont accumulé 50 jours de monnaie.

100 BTC qui ont été inactifs pendant 6 heures (0,25 jour) ont accumulé 25 jours de monnaie.

Si soudainement de nombreuses monnaies sont vendues alors qu'elles étaient inactives depuis longtemps, cela aura un impact relativement important sur l'indicateur CDD.

L'idée derrière le CDD est que la quantité de « jours de monnaie détruits » dit quelque chose sur le momentum derrière un développement de prix. Si le CDD montre une valeur élevée lorsque le prix augmente, par exemple, cela peut indiquer que les investisseurs à long terme profitent du prix élevé et réalisent des bénéfices, tandis qu'un CDD croissant sur un marché latéral peut être une indication que les investisseurs à long terme pourraient perdre de l'intérêt et chercher des monnaies offrant de meilleurs rendements ou d'autres actifs. D'un autre côté, si le CDD continue d'afficher une valeur plus basse pendant une période prolongée dans un marché en hausse, cela peut indiquer que les investisseurs choisissent de conserver leurs monnaies malgré l'augmentation du prix, ce qui serait une indication d'un marché haussier.

Deux variations majeures du CDD sont le CDD Ajusté à l'Offre et le CDD Binaire. Le CDD Ajusté à l'Offre corrige l'augmentation du volume total de monnaie avec le temps. Le CDD Binaire indique si le CDD Ajusté à l'Offre d'un jour donné est supérieur ou inférieur à celui de la veille. Le CDD Binaire donne donc une indication sur les acteurs du marché pour déterminer s'ils sont plus ou moins enclins à vendre ou acheter des monnaies.

Capitalisation réalisée

L'indicateur de Capitalisation Réalisée examine la valeur d'une monnaie en fonction du dernier prix payé pour elle.

C'est une variation — en fait, une amélioration — du bien connu indicateur de capitalisation boursière, qui regarde simplement la valeur totale de toutes les monnaies en circulation au prix actuel.

Par exemple, les bitcoins qui ont été déplacés pour la dernière fois en avril 2021 seraient multipliés par 60 000 $ avec la capitalisation réalisée, tandis que les bitcoins qui ont été déplacés pour la dernière fois le 1er janvier 2022 seraient multipliés par 46 000 $. Avec l'indicateur traditionnel de capitalisation boursière, cependant, tous les bitcoins — y compris tous les bitcoins perdus et plus d'un million de bitcoins minés par Satoshi lui-même qui n'ont jamais été déplacés — seraient simplement multipliés par la valeur actuelle du BTC.

Étant donné que la Capitalisation Réalisée examine le dernier prix payé pour une monnaie, l'impact des monnaies perdues et jamais échangées devient plus petit à mesure que le prix augmente. La capitalisation réalisée donne donc une meilleure indication de la valeur en développement d'une monnaie.

Nouvelles adresses

Pour recevoir et envoyer des bitcoins et d'autres cryptomonnaies, vous avez besoin d'un portefeuille, autrement dit d'une adresse (clé publique) similaire à un numéro de compte bancaire. Chaque adresse est unique et chaque cryptomonnaie a sa propre adresse. Donc, si vous voulez acheter à la fois du Bitcoin et de l'Ethereum, vous avez besoin d'au moins deux adresses, une pour le Bitcoin et une pour l'Ethereum.

Lorsque le nombre de nouvelles adresses Bitcoin augmente rapidement, cela pourrait indiquer que de plus en plus de personnes veulent acheter/recevoir des bitcoins. Inversement, une croissance relativement faible des nouvelles adresses Bitcoin pourrait indiquer un intérêt en baisse pour acheter/recevoir des bitcoins. Ainsi, les informations sur la croissance du nombre de nouvelles adresses peuvent vous renseigner sur la nature de la dynamique derrière un mouvement de prix.

Mais les adresses peuvent fournir beaucoup plus d'informations sur qui entre/sort du marché et quelles activités elles développent. Par exemple, vous pouvez examiner la croissance du nombre d'Adresses Actives et à quoi elles servent. Lorsqu'une adresse n'a pas été utilisée pendant une longue période, elle est classée comme dormante ou inactive. Lorsqu'une telle adresse est ensuite utilisée à nouveau, elle passe d'inactive à active. Si un nombre croissant d'adresses inactives est utilisé pour recevoir des pièces pour la première fois depuis longtemps pendant un marché baissier, cela pourrait indiquer la formation d'un creux ou même le début d'un renversement de tendance. Si, en revanche, les adresses inactives sont principalement utilisées pour vendre des pièces dans un marché haussier, cela pourrait indiquer une correction imminente. Et si un nombre croissant d'adresses inactives reçoit un afflux de pièces dans un marché haussier, cela serait, vous l'avez deviné, un signal fort pour une hausse supplémentaire.

Et qu'en est-il de la croissance du nombre d'adresses Bitcoin avec un nombre total de bitcoins >1 000, voire >10 000 ? Étant donné que l'achat de 1 000 bitcoins nécessite de nos jours plusieurs millions, l'augmentation ou la diminution de ces types d'adresses de baleines peut vous en dire beaucoup sur l'intérêt croissant ou décroissant du nombre d'investisseurs institutionnels.

Entrées sur les plateformes d'échange

Les propriétaires de pièces envoient généralement des pièces de leurs portefeuilles (stockage à froid) vers une plateforme d'échange lorsqu'ils souhaitent vendre ces pièces. En revanche, lorsqu'ils déplacent des pièces des plateformes vers un stockage à froid, cela indique qu'ils souhaitent les conserver pendant une période plus longue.

En d'autres termes, un afflux important de bitcoins sur les plateformes est une indication qu'un nombre croissant de propriétaires de bitcoins pense que c'est le bon moment pour vendre leurs bitcoins, ce qui pourrait faire baisser le prix. Un fort flux sortant de bitcoins vers les portefeuilles de stockage à froid indique que de nombreux investisseurs s'attendent apparemment à ce que le Bitcoin continue de monter ; la diminution résultante de l'offre pourrait pousser le prix à la hausse.

Le fait qu'un grand nombre de bitcoins soient envoyés sur les plateformes ne signifie pas nécessairement que le prix du Bitcoin va chuter, surtout dans un marché haussier. Après tout, un prix en hausse signifie souvent qu'il y a également plus d'acheteurs actifs sur le marché, et tant que les acheteurs sont plus nombreux que les vendeurs, le prix continuera d'augmenter. Cependant, parfois, un mouvement fort vers ou depuis les plateformes peut certainement offrir un aperçu qui n'est pas encore apparent dans l'évolution du prix.

Ratio de Profit des Sorties Utilisées (SOPR)

Le SOPR fournit des informations sur le ratio de profit des pièces vendues en examinant la différence de prix entre l'achat et la vente de chaque pièce.

Si le SOPR affiche une valeur supérieure à 1, cela signifie que les vendeurs vendent en moyenne à profit ; si la valeur est inférieure à 1, les vendeurs vendent à perte.

Le SOPR donne une indication des conditions générales du marché pour une pièce. Après tout, si de nombreuses pièces sont vendues à perte, cela signifie que les propriétaires de pièces s'attendent apparemment à ce que le prix chute encore davantage ; pourquoi vendraient-ils autrement ? Cependant, si le SOPR affiche une valeur supérieure à 1 pendant une période prolongée, cela indiquerait un marché haussier fort car de nombreux vendeurs continuent de vendre à profit.

Dans un marché haussier, un SOPR inférieur à 1 sera rapidement corrigé par le marché en raison de la confiance que le prix augmentera à nouveau prochainement : un SOPR inférieur à 1 indiquerait donc un bon moment pour entrer dans ce cas. Dans un marché baissier, c'est l'inverse : ici, un

SOPR supérieur à 1 sera de courte durée car de nombreux détenteurs de pièces essaieront de vendre leurs pièces à un prix plus acceptable.

Le SOPR peut également être utilisé pour tenter de prédire un renversement de tendance. En général, le SOPR reste principalement au-dessus de 1 dans un marché haussier et en-dessous de 1 dans un marché baissier. Cependant, lorsque le SOPR monte au-dessus de 1 dans un marché baissier et que le prix ne chute pas rapidement, cela indique qu'il pourrait y avoir un renversement de tendance. Il en va de même pour un SOPR qui chute en-dessous de 1 dans un marché haussier sans que le prix ne rebondisse rapidement.

Liquidité

La liquidité examine le comportement des entités Bitcoin (adresses) par rapport aux pièces qu'elles reçoivent.

Par exemple, si une entité Bitcoin dépense moins de 25% des bitcoins qu'elle reçoit (L = < 0.25), tous les bitcoins associés à cette entité sont considérés comme illiquides. Lorsque la valeur est comprise entre 25% et 75% (L = 0.25-0.75), nous parlons de pièces liquides, et lorsqu'une entité Bitcoin renvoie plus de 75% (L = > 0.75) des bitcoins reçus, nous parlons de pièces hautement liquides.

Ainsi, une entité de pièce qui ne vend jamais — un super HODLer — a un L de 0, tandis qu'une entité qui réexpédie immédiatement toutes ses pièces reçues a un L de 1.

Une entité illiquide est essentiellement un propriétaire de pièces qui croit en les perspectives à long terme de la pièce et conserve donc la plupart de ses pièces. Lorsqu'un propriétaire conserve ses pièces pendant plus de six mois, il est également appelé un HODLer à Long Terme (LTH).

Lorsque l'offre illiquide de Bitcoin augmente, la quantité activement disponible de pièces diminue, ce qui pourrait faire monter le prix d'une pièce et est considéré comme un signal haussier. Un bon exemple de cela est la croissance de l'offre illiquide dans les mois précédant la première fois où le bitcoin a dépassé les 20 000 dollars, en décembre 2020.

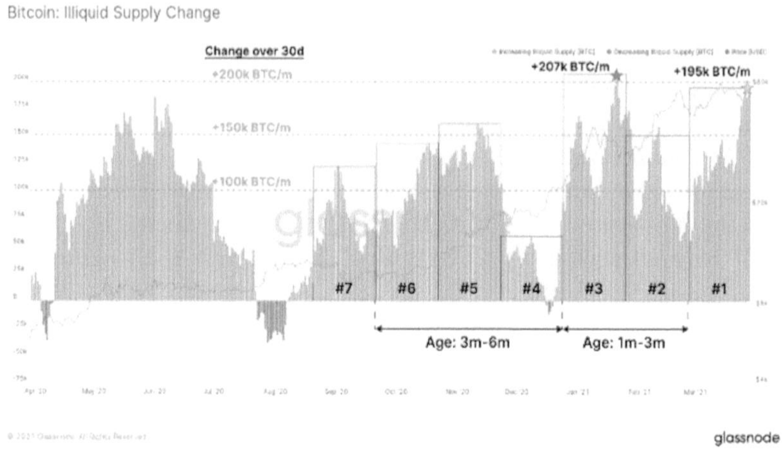

Ce graphique du fournisseur d'analyse on-chain, Glassnode, montre clairement la croissance de l'offre illiquide (barres gris foncé). Ensuite, en décembre 2020, la croissance de l'offre illiquide diminue soudainement et devient même négative pendant un moment (#4) — peut-être à cause de l'approche/dépassement du seuil des 20K — après quoi la quantité d'offre illiquide monte rapidement à des niveaux record, et le prix du bitcoin passe de 20 000 à 60 000 dollars en quelques mois.

Faire votre propre analyse on-chain

Toutes les données on-chain sont publiques. Si vous savez coder, vous pouvez écrire vos propres indicateurs (ou les obtenir en ligne) pour récupérer les données on-chain, puis les interpréter. Cependant, la grande majorité des traders de cryptos utilisent des sites comme Coinmetrics et Glassnode pour leur analyse on-chain.

Glassnode propose des centaines d'indicateurs on-chain pour Bitcoin, Ethereum, et ERC20, la monnaie standard du réseau Ethereum utilisée par des milliers d'altcoins. La version de base est gratuite mais offre seulement un nombre limité de métriques et avec des retards d'au moins

24 heures. La version la plus complète coûte environ 30 $ par mois au moment de la rédaction.

Coinmetrics propose des métriques sur plus de cryptos que Glassnode mais moins d'indicateurs. Leur version de base est également gratuite, tandis que la version étendue la moins chère coûte à peu près le même prix que la version payante de Glassnode.

IntoTheBlock propose plus de 30 signaux et indicateurs on-chain de plus de 800 cryptomonnaies pour 10 $ par mois (au moment de la rédaction). Vous pouvez également essayer le site gratuitement pendant 7 jours.

Santiment propose des informations on-chain, sociales, et de développement sur plus de 900 pièces. L'intérêt de Santiment est qu'il analyse les discussions sur les médias sociaux pour fournir un aperçu du sentiment du marché sur une monnaie particulière. L'inconvénient est qu'il n'y a actuellement pas de version gratuite proposée, et à plus de 40 $ par mois pour la version la moins chère, Santiment est plutôt cher.

Conclusion

L'analyse on-chain peut parfois fournir des informations précieuses sur ce qui et qui influence les mouvements de prix d'une cryptomonnaie d'une manière que l'analyse fondamentale et technique « traditionnelle » ne peut pas faire.

En même temps, vous devez faire attention à ne pas vous perdre dans les centaines de différentes métriques on-chain disponibles. La quantité de données historiques est naturellement encore très limitée pour la plupart des cryptos — après tout, souvent, ils n'existent que depuis quelques années — et parfois les indicateurs donnent également des signaux contradictoires. Et bien sûr, aucun signal n'est infaillible.

Ne considérez donc pas l'analyse on-chain comme le Graal qui ne vous décevra jamais. Voyez-la plutôt comme un conseiller avec sa propre et unique perspective, tout comme vous avez un conseiller en analyse fondamentale et un autre en analyse technique. Au final, c'est à vous de prendre une décision sur le commerce en fonction de ces différentes perspectives.

Partie IV

Stratégies de trading populaires

18

Stratégies de trading à court terme

Il existe plusieurs façons de trader les cryptos, à court terme comme à plus long terme. Dans ce chapitre, nous couvrons certaines des stratégies de trading à court terme les plus populaires. Par court terme, nous entendons intra-jour jusqu'à quelques jours. En d'autres termes, des mouvements courts où l'objectif est de suivre un mouvement de prix en cours.

Trading de fourchette (Range Trading)

Dans le chapitre 15, nous avons examiné les niveaux de support et de résistance et comment ceux-ci peuvent arrêter les mouvements de prix. Il arrive fréquemment que le prix continue de fluctuer entre ces zones de support et de résistance pendant des semaines ou des mois. Une stratégie de trading populaire qui utilise cela est appelée trading de fourchette.

Jetez un œil au graphique ci-dessus. La première fois que le prix atteint un nouveau sommet, la bougie montre une longue mèche - un mauvais signe pour les taureaux car cela indique que ce niveau de prix n'est pas durable. Le prix chute ensuite, mais la bougie qui franchit brièvement la zone de support produit également une longue mèche, après quoi le prix se redresse rapidement.

Nous pouvons maintenant établir un trade en utilisant le haut (résistance) comme objectif de profit et le bas (support) comme stop. Nous fixons notre prise de profit juste en dessous du sommet et notre stop loss juste en dessous du creux, pour donner un peu de marge au trade.

À mesure que le prix approche du niveau de résistance, de plus en plus de vendeurs entrent sur le marché s'attendant à ce que le prix baisse bientôt, ce qui exerce une pression à la baisse sur le prix. Si, effectivement, la résistance tient et que le prix commence à baisser à nouveau (après avoir atteint notre objectif de profit), nous pourrions établir un autre trade - cette fois un trade à la baisse - en utilisant la zone de support comme nouvel objectif de profit et le niveau de résistance comme stop. Lorsque le prix approche le niveau de support, de plus en plus d'acheteurs entreront sur le marché s'attendant à ce que le prix commence bientôt à remonter, etc. Après que notre objectif de profit a été atteint, nous pouvons passer un nouveau trade long.

On dit qu'une plage de trading s'est formée lorsque le prix a fluctué à plusieurs reprises entre les mêmes niveaux de résistance et de support. Les largeurs des plages de trading varient, mais en général, plus la largeur est faible, moins il est probable que le prix reste dans la plage pendant une période plus longue. Et bien sûr, plus la largeur est grande, plus le profit potentiel est grand, car les objectifs de profit sont plus éloignés.

Nous, nous utilisons toujours des lignes de tendance horizontales simples. Une fois qu'il y a deux niveaux horizontaux (c'est-à-dire un support et une résistance), nous avons notre largeur de bande. Vous pouvez appliquer cette technique à n'importe quelle période, mais comme nous l'avons déjà noté, les niveaux de support et de résistance ont tendance à être plus forts plus la période est longue et plus le niveau de prix en question a été testé. N'oubliez également pas que les niveaux de support et de résistance ne sont jamais gravés dans la pierre et peuvent donc toujours être rompus. Par conséquent, respectez toujours vos propres règles de trading, comme limiter votre exposition et clôturer le trade lorsque votre stop loss est atteint.

Trading de Rupture (Breakout Trading)

Le trading de rupture est l'une des stratégies de trading les plus populaires et les plus réussies. L'idée est simple : une position est prise lorsque le prix franchit un support important ou une résistance importante afin de profiter de l'élan qui accompagne souvent une telle rupture.

Il y a des ruptures dans toutes sortes de situations de marché ; il peut s'agir d'un prix en tendance qui a eu du mal à franchir un support/résistance pendant un certain temps - le bitcoin à 20 000 $, par exemple - mais il arrive aussi qu'un prix évolue dans une fourchette relativement serrée pendant un moment et puis gagne soudainement en élan et franchit un support ou une résistance (voir par exemple le graphique ci-dessous).

Le volume des échanges est un indicateur important de la réussite potentielle d'une rupture. Une rupture qui a lieu dans un marché illiquide et avec peu de volume est moins significative qu'une rupture qui se produit lorsque le volume des échanges est élevé, car cela indiquerait qu'il y a beaucoup de force commerciale derrière le mouvement.

Plus le prix a évolué dans un modèle particulier, plus la rupture a de chances d'être réussie. Il en va de même pour les ruptures issues de modèles en triangle, en drapeau et en tête-épaules (voir le Chapitre 16), car elles suivent une période d'indécision claire du marché.

Déterminez votre prix cible

Il est important de fixer un prix cible (objectif de profit) à l'avance. Ce qui constitue une cible réaliste varie d'un actif à l'autre. Lorsque nous échangeons des cryptos, nous choisissons souvent un prix cible qui est 40% au-dessus/en-dessous du prix actuel. Une approche plus traditionnelle serait d'ajouter la longueur du canal dans lequel le prix s'est déplacé avant la rupture au niveau du support/résistance. Dans tous les cas, choisissez une cible réaliste.

Lorsque l'objectif est atteint, vous pouvez soit clôturer toute la position, soit en conserver une partie et fixer un nouvel objectif (nous préférons généralement cette dernière option). Vous pouvez également conserver la totalité de la position mais déplacer le stop loss vers le haut afin de garantir une partie du profit.

Limitez votre perte

Comme avec un commerce de plage, il est facile de déterminer si un commerce de rupture est toujours valide ou non. Si, après la rupture, le prix retombe assez rapidement en dessous de l'ancienne résistance/support, cela signifie qu'il n'y a pas eu de véritable rupture mais ce qu'on appelle un fakeout (une fausse rupture). Vous pouvez donc mettre un stop loss relativement serré en dessous de l'ancien support/résistance. (Après que le prix a franchi un support/résistance, l'ancien support devient la nouvelle résistance, et l'ancienne résistance devient le nouveau support.)

En raison de la volatilité relativement élevée des prix des cryptos, nous avons tendance à donner plus de marge aux trades de cryptos qu'aux autres trades, tels que les trades de forex ou d'actions. Mais si vous êtes un trader novice, nous vous recommandons de vous en tenir à des stops relativement serrés. Il vaut mieux subir une petite perte que de rester obstinément bloqué dans un commerce.

Méfiez-vous du fakeout

Pour éviter de prendre une position trop tôt, vous pourriez envisager d'attendre la confirmation de la rupture. Nous parlons de confirmation lorsqu'une bougie se ferme au-dessus de la résistance (ancienne)/en dessous du support ancien. Tant que ce n'est pas encore le cas, la chance d'une fausse rupture, un fakeout, est relativement élevée. Si, cependant, la bougie se ferme au-dessus de la résistance brisée - ou en dessous du support brisé - surtout si elle est considérée comme un niveau fort et/ou que la rupture survient après une période d'indécision, la chance de succès est élevée.

L'inconvénient est qu'en attendant la confirmation, vous risquez de manquer une (grande) partie du mouvement de rupture. Si vous êtes un trader à long terme, cela peut être moins important, mais en tant que trader à court terme, vous voulez profiter autant que possible de ces mouvements courts et puissants.

Trading basé sur les indicateurs techniques et les métriques on-chain

Vous pouvez également trader sur des signaux provenant d'indicateurs techniques tels que l'Indice de Force Relative (RSI) ou le MACD (voir le chapitre 14 pour plusieurs exemples), ou l'un des nombreux autres indicateurs techniques utilisés par les traders techniques. L'analyse on-chain (voir le chapitre 17) est également de plus en plus utilisée par les traders de cryptos pour générer des signaux de trading.

Comme mentionné précédemment, nous n'utilisons que très peu les indicateurs techniques pour trader les cryptos. Nous préférons plutôt trader directement sur l'action du prix, en utilisant principalement les niveaux de support et de résistance et les motifs de prix. Nous gardons cependant un œil sur un certain nombre d'indicateurs techniques et de métriques on-chain, comme confirmation supplémentaire des signaux générés sur le graphique.

Trading basé sur les actualités

Si vous suivez les actualités des cryptos, vous rencontrerez régulièrement des nouvelles susceptibles d'avoir un impact positif ou négatif sur le marché des cryptos en général ou sur une cryptomonnaie spécifique. Ces mêmes nouvelles sont bien sûr également relevées par de nombreux autres traders de cryptos qui essaieront d'en profiter, ce qui peut en soi créer une opportunité pour un commerce rentable.

Un exemple :

En décembre 2020, la Securities and Exchange Commission (SEC) a ouvert un dossier contre Ripple Labs, affirmant que la cryptomonnaie XRP créée par Ripple Labs n'est pas une matière première mais une sécurité. Le prix du XRP a ensuite chuté de 0,60 $ à moins de 0,19 $ en peu de temps. Cependant, début avril 2021, il a été annoncé que Ripple Labs avait remporté une importante victoire judiciaire dans sa bataille contre la SEC ; dans les deux semaines suivantes, le XRP est passé de 0,55 $ à 1,70 $.

En bref, les reportages peuvent parfois fournir des informations essentielles sur la base desquelles des trades (très) rentables peuvent être mis en place.

Cependant, pour pouvoir le faire, vous devez être bien informé de ce qui se passe sur le marché des cryptos, sinon vous risquez de sous-estimer (ou de surestimer) toutes sortes de nouvelles. Vous devez également faire attention à ne pas vous précipiter pour prendre une position dans une pièce parce que vous avez entendu parler d'une nouvelle positive sans vraiment la comprendre.

Nous l'avons déjà dit et nous le répétons : ne vous lancez jamais aveuglément dans une crypto. Faites toujours vos recherches d'abord. Si vous tombez sur un reportage concernant une pièce qui est déjà sur votre liste de surveillance, vous pouvez au moins évaluer la valeur de ce reportage et décider en connaissance de cause si vous souhaitez ou non prendre position dans cette pièce.

Fixez toujours un objectif et un stop-loss pour ce type de trades. Selon vos préférences, vous pourriez également choisir de commencer petit puis d'augmenter la position si le prix continue de se déplacer dans la direction souhaitée. Avec les trades d'actualité, il est également conseillé d'utiliser des stops relativement serrés. Après tout, si le prix ne se déplace pas dans la direction que vous avez prévue, c'est que la nouvelle n'a manifestement pas eu l'effet escompté.

Que vous souhaitiez trader les actualités ou non, il est toujours bon de garder un œil sur les dernières informations concernant le marché des cryptos et surtout sur les pièces que vous possédez. Des nouvelles sur les futures réglementations des cryptos, les positions prises par les investisseurs institutionnels, les nouveaux partenariats, les nouveaux cas d'utilisation, les chiffres de croissance, les prochains hard forks, etc. concernant les pièces que vous possédez, peuvent tous vous aider à rester au top du marché. Plus vous êtes informé, plus vous êtes susceptible de profiter des nouvelles importantes.

19

Stratégies de trading à long terme

En tant que trader crypto débutant, même si vous êtes plutôt orienté vers le trading à court terme, il est judicieux d'avoir également une stratégie à long terme. En effet, une stratégie à long terme est moins sensible aux caprices du jour et offre donc moins de tentation de « surtrading », c'est-à-dire d'ajuster continuellement vos positions, une pratique qui finit souvent par entamer vos profits et augmenter vos pertes.[40] Chez CryptoAcademy, nous utilisons également des stratégies d'investissement à court et à long terme.

Dans ce chapitre, nous aborderons plusieurs stratégies à long terme que nous utilisons nous-mêmes et qui sont faciles à mettre en œuvre. Certaines stratégies peuvent vous séduire plus que d'autres, et c'est normal. L'essentiel est de choisir une stratégie avec laquelle vous vous sentez à l'aise afin de pouvoir la suivre plus facilement.

40 « Le célèbre investisseur Warren Buffett l'a dit un jour : « Le marché boursier est un dispositif pour transférer de l'argent des impatients aux patients ». »

HODL

Lors du krach du bitcoin en décembre 2013, un trader crypto un peu éméché a déclaré dans un post incohérent sur le forum bitcointalk : « I AM HODLING ».[41] L'expression a été rapidement adoptée par la scène crypto en plein essor et est devenue depuis le jargon crypto pour ce que l'on appelle traditionnellement « acheter et conserver ».

Certains disent aussi que HODL signifie : Hold On for Dear Life (Accrochez-vous pour la vie).

Nous appliquons également une forme de HODLing à beaucoup des coins dans lesquelles nous investissons, bien que cela ne signifie pas que nous ne les vendrons jamais. Si nous voulons conserver une coin dans notre portefeuille pour une période plus longue, nous y entrons généralement par étapes. Par exemple, si nous voulons prendre une position de 1 000 $ dans une coin, nous pourrions diviser ce montant en deux et n'ouvrir la seconde moitié de la position qu'après une hausse de 20% du prix. (Bien sûr, vous pouvez définir vous-même un autre pourcentage d'augmentation ; les 20% ne sont qu'un exemple.)

Cela peut sembler inconfortable d'entrer dans votre seconde position à un prix plus élevé, mais l'idée derrière est simple : si le prix monte de manière significative, cela signifie que vous tradez dans le sens de la tendance, ce qui est exactement ce que vous voulez en tant que trader. (Rappelez-vous : vous ne prenez pas ici une position pour quelques jours mais pour des mois, voire des années).

Bien sûr, parfois le prix tournera contre vous après avoir pris votre seconde position. Étant donné que des variations de dizaines de pourcents ne sont pas rares dans les cryptos, nous laissons généralement plus de marge à nos trades crypto que nos trades sur actions. C'est surtout le cas pour les coins que nous incluons dans notre portefeuille à long terme, généralement nous sortons seulement si le prix chute de plus de 25%. Néanmoins, si vous suspectez qu'une baisse de prix est plus qu'une simple correction et que vous voulez limiter vos pertes, vous pouvez toujours choisir de fermer la position.

---

41 https://bitcointalk.org/index.php?topic=375643.0

Il est important de déterminer une stratégie de sortie à l'avance afin de réduire le risque de vendre dans la panique ou sur un coup de tête. Posez-vous donc la question : quand prendrez-vous vos profits et quand couperez-vous vos pertes ? C'est un choix personnel, mais il est essentiel à votre réussite en tant que trader de décider de votre stratégie de sortie avant de prendre la position.

Par exemple, pour les positions perdantes :

- Concernant la première moitié de votre position : fermez-la lorsque la perte dépasse 25%. En ouvrant la position en deux phases, nous perdons effectivement seulement 12,5% sur la position totale que nous avions l'intention de prendre.
- Après avoir acheté la seconde moitié à un prix x % plus élevé : fermez toute la position lorsque la première moitié de la position est revenue à son point de départ.

Et pour les positions gagnantes :

- Après avoir pris la seconde partie de la position : à un gain de 50% sur la première position, fermez la moitié de la position totale. Lorsque le prix monte encore de 50%, fermez la moitié de la position restante. Vous avez maintenant un profit garanti et une partie de la position reste ouverte.

Si vous appliquez les principes ci-dessus, vous aurez déjà fait un grand pas vers la réalisation de rendements structurels dans le trading de cryptos.

Moyenne du coût en dollars (DCA)

La moyenne du coût en dollars (DCA, pour Dollar-Cost Averaging) est la pratique consistant à répartir l'investissement total dans un actif sur des achats périodiques, afin de réduire l'impact de la volatilité. C'est une stratégie d'investissement à long terme largement utilisée et qui vaut vraiment la peine d'être envisagée si vous souhaitez investir dans les cryptos - une classe d'actifs notoirement volatile. Nous utilisons cette stratégie pour nos propres achats à long terme depuis des années.

Supposons, par exemple, que nous voulions investir un total de 5 000 $ dans cinq cryptos, soit 1 000 $ par crypto. Au lieu d'investir les 5 000 $ d'un coup, nous répartirons nos achats sur cinq périodes mensuelles. Ainsi, chaque mois, nous achèterons pour 200 $ de chaque crypto, pour un total de 1 000 $. Si le prix d'une crypto est plus élevé que lors de l'achat précédent, nous obtiendrons moins de cryptos pour nos 200 $. Si le prix est plus bas, nous en obtiendrons plus.

De cette manière, le prix d'achat moyen reflétera la valeur de l'actif sur une période de cinq mois plutôt qu'à un seul moment donné, ce qui non seulement réduira l'impact de la volatilité, mais éliminera également le besoin de s'inquiéter du timing. Si vous prenez toute la position en une fois, vous courez toujours le risque d'un mauvais timing et que la position se retourne rapidement contre vous. Avec la moyenne du coût en dollars, vous n'avez pas ce problème - ou du moins beaucoup moins - car vos achats sont étalés sur une période plus longue.

Bien sûr, vous ne devriez le faire qu'avec des cryptos en lesquelles vous avez confiance. Il est également important de déterminer à l'avance combien vous voulez investir par crypto et sur combien de périodes vous souhaitez étaler vos achats. Et enfin : quelle est votre stratégie de sortie ? En d'autres termes, quand allez-vous sortir de la position - de préférence avec un profit, bien sûr ! Comme mentionné précédemment, c'est un choix personnel, mais il est important d'y réfléchir à l'avance. Chez CryptoAcademy, nous utilisons la méthode FIFO (First In First Out), c'est-à-dire que nous vendons d'abord les anciennes positions et ensuite les plus récentes en dernier. Nous sortons également des positions par étapes.

Trading de tendance

Le trading de tendance consiste à acheter des cryptos qui sont dans une tendance haussière ou dont le schéma de prix semble se développer dans une tendance haussière (après une sortie réussie, par exemple). Repérer une tendance sur un graphique est facile. La règle générale est : si vous ne pouvez pas repérer immédiatement la tendance, alors il n'y a pas de tendance.

L'objectif du trading de tendance est de rester dans la position aussi longtemps que possible sans renoncer à trop de bénéfices réalisés auparavant. Dans le trading d'actions, une façon de faire cela est d'utiliser un stop suiveur qui monte avec le prix tout en laissant de la place pour les corrections inévitables. Cependant, le marché des cryptos est souvent trop volatil pour que cela fonctionne bien avec les cryptomonnaies.

Ainsi, dans le trading de cryptos, nous utilisons une stratégie de sortie où nous prenons des bénéfices pour la moitié de notre position lorsqu'un prix cible est atteint — ou une perte lorsque le prix baisse de 25% par rapport à notre prix d'achat. Pour notre Portfolio de Swing Trading, par exemple, nous achetons toujours des cryptos pour 100 $ par position et prenons des bénéfices partiels. Si nous devons subir une perte, nous le faisons pour la position entière.

En pratique, cela ressemble à ceci :

Avec nos positions de trading de tendance, nous plaçons toujours immédiatement un ordre de vente pour la moitié de la position à un prix qui est de 40% supérieur au prix d'achat. Lorsque la cible est atteinte, nous vendons automatiquement la moitié de la position avec un bénéfice de 40%. Ensuite, nous plaçons un nouvel ordre de vente pour la moitié de la position restante à un prix de 40% supérieur au prix actuel, etc. En utilisant cette stratégie, nous sommes parfois en mesure de prendre des bénéfices quatre, cinq fois ou même plus souvent. En bref, nous ne sortons jamais complètement d'une position rentable même si nous prenons régulièrement des bénéfices. Nous gardons toujours des jetons sur la table.

Il existe, bien sûr, d'autres moyens de gérer des positions de trading de tendance rentables. Une autre possibilité que nous avons discutée précédemment est de liquider votre investissement initial lorsque vous avez réalisé suffisamment de bénéfices et de profiter d'un tour gratuit avec les cryptos restants. Et vous pouvez aussi rester dans la tendance avec toute la position jusqu'à ce que votre stop suiveur soit touché ou qu'il y ait un rejet clair de la tendance, par exemple à cause d'une bougie avec une longue mèche ou d'un autre signal technique.

Mise en jeu (Staking)

Comme discuté dans le chapitre 12, la mise en jeu est une nouvelle manière très intéressante de générer un revenu passif supplémentaire, comparable à la réception de dividendes sur des actions ou d'intérêt sur un compte d'épargne — à la différence que les rendements de la mise en jeu sont souvent supérieurs de plusieurs points de pourcentage.

Nous avons de bonnes expériences avec la mise en jeu sur Binance, la plus grande plateforme d'échange de cryptomonnaies au monde. Vous pouvez facilement mettre en jeu les cryptos que vous avez dans votre portefeuille Binance pendant une période prolongée. Votre part des récompenses accumulées par le pool de mise en jeu (voir le début du chapitre 3 pour plus d'explications sur le fonctionnement de la preuve d'enjeu) moins les frais de Binance, est automatiquement déposée sur votre compte Binance.

Il existe deux types de mise en jeu : la mise en jeu flexible et la mise en jeu verrouillée. Avec la mise en jeu flexible, vous pouvez vendre vos cryptos à tout moment. Avec la mise en jeu verrouillée, vos cryptos sont bloqués pendant une période X, selon la période que vous avez choisie (chez Binance, vous pouvez généralement choisir entre 15, 30, 60 ou 90 jours). Les taux d'intérêt, appelés APY, ou rendement annuel en pourcentage, peuvent être assez élevés. Sur certaines cryptomonnaies, nous avons obtenu des APY de plus de 40%.

Le risque avec la mise en jeu verrouillée est que le prix peut chuter soudainement et que vous ne puissiez pas vendre vos cryptos à temps. Il est possible de récupérer les cryptos avant l'échéance (déverrouillage), mais vous perdriez alors (une partie de) l'intérêt. Chez Binance, les intérêts sont payés sous forme de cryptos que vous mettez actuellement en jeu. Votre récompense de mise en jeu est créditée quotidiennement.

20

Stratégies de trading d'options

Dans cette section, nous discuterons de comment gagner de l'argent et comment couvrir les risques avec le trading d'options. Au moment de la rédaction de ce texte, il n'est possible de négocier des options et des contrats à terme que sur Bitcoin et Ethereum, mais cela changera sans doute à l'avenir.

Qu'est-ce que les options ?

Une option est un droit d'acheter ou de vendre un certain actif sous-jacent à un prix prédéterminé pendant une période convenue.

Pensez à l'achat d'une maison, par exemple. Un acheteur qui prend une option sur une maison n'a pas encore acheté cette maison, seulement le droit de le faire dans un certain délai et pour un certain prix fixe. Cela fonctionne de la même manière sur les marchés financiers.

Il ne peut pas y avoir d'acheteur d'option sans vendeur, appelé le rédacteur d'option ; en d'autres termes, il y a toujours deux parties impliquées avec des points de vue opposés : l'acheteur de l'option et le vendeur de l'option. Le vendeur/rédacteur d'option est payé par ce qu'on appelle une prime d'option pour accorder le droit d'option. Le profit de l'un est toujours la perte de l'autre. Pourtant, aussi bien l'acheteur que le vendeur (rédacteur d'option) peuvent gagner de l'argent lorsque le rédacteur a couvert l'option écrite en prenant une position sur l'actif sous-jacent. Nous expliquerons ci-dessous comment cela fonctionne.

Options d'achat et options de vente

Il existe deux types d'options, les options d'achat et les options de vente.

Une option d'achat est le droit d'acheter un actif sous-jacent à un certain prix pendant une certaine période. Donc, en tant qu'acheteur d'une option d'achat sur le bitcoin, vous auriez le droit d'acheter du bitcoin - mais pas l'obligation. Vous payez une prime d'option pour ce droit. Le seul risque est la prime payée.

Une option de vente est le droit de vendre un actif sous-jacent à un certain prix pendant une certaine période. Donc, en tant qu'acheteur d'une option de vente sur le bitcoin, vous auriez le droit de vendre du bitcoin à un certain prix - mais pas l'obligation. Vous payez une prime d'option pour ce droit, qui est également votre risque maximum.

Options écrites

Les options peuvent également être écrites/vendues sans avoir acheté d'option au préalable, auquel cas vous recevrez une prime d'option mais n'en payerez pas. On appelle cela la vente à découvert. La prime d'option est également votre profit maximum. Votre risque lors de la rédaction d'une option est illimité, à moins de couvrir la position. Lors de la rédaction d'options, la bourse prélèvera une marge (garantie), qui est libérée lorsque l'option écrite est rachetée (clôturée) ou lorsque l'option a expiré.

Si vous êtes un investisseur novice, il vaut mieux éviter la vente à découvert. Donc, si vous voulez écrire une option, couvrez toujours la position.

Lorsque vous écrivez une option d'achat sur un actif sous-jacent que vous avez dans votre portefeuille, cela s'appelle une option d'achat couverte. Vous pouvez écrire des options d'achat et de vente couvertes. Lors de la rédaction d'une option d'achat, vous avez l'obligation potentielle de livrer l'actif sous-jacent au prix d'exercice (en pratique, vous ne livrerez pas réellement l'actif sous-jacent mais réglerez la différence de prix). Lors de la rédaction d'une option de vente, vous avez une obligation potentielle d'acheter l'actif sous-jacent au prix d'exercice. Vous recevez une prime pour ce risque.

Par conséquent, lors de la rédaction d'options, vous ne pouvez jamais gagner plus que la prime reçue. En fait, vous avez un risque illimité lors de la rédaction d'options (à moins de couvrir votre risque, ce que, comme nous l'avons souligné, vous devriez toujours faire en tant qu'investisseur novice) alors que le profit maximum est la prime reçue. Une explication détaillée se trouve plus loin dans ce chapitre, dans la section « Générer des rendements supplémentaires sur des positions existantes ».

Avantages des options

La beauté des options réside dans le fait qu'elles peuvent être utilisées à la fois de manière défensive et offensive, selon ce que vous souhaitez en faire en tant qu'investisseur. Un investisseur défensif peut utiliser des options pour couvrir des positions, par exemple, tandis qu'un investisseur offensif peut les utiliser pour spéculer relativement à moindre coût sur des mouvements de prix marqués ou peut augmenter la rentabilité de ses positions existantes.

Combiner différentes options offre des opportunités que vous n'avez pas lorsque vous achetez ou vendez simplement du bitcoin ou de l'ethereum. Acheter des options vous permet de parier peu sur de grands mouvements de prix, tandis que la rédaction d'options vous permet de gagner de l'argent dans un marché sans événement. C'est cette polyvalence qui rend les options dignes d'une place dans tout portefeuille d'investissement - et certainement dans un portefeuille crypto.

Spécifications du contrat

La taille minimale d'un contrat d'option bitcoin est de 0,1 BTC sur la plateforme de produits dérivés crypto Deribit. Cependant, pour simplifier, nous utiliserons des tailles de contrat de 1 BTC pour nos exemples.

Deribit offre une large gamme de dates d'expiration, dont 1 jour, 1 semaine, et de 1 à 12 mois. L'expiration a toujours lieu le vendredi à 08 heures, Temps Universel Coordonné (UTC), sauf pour les options quotidiennes, qui expirent logiquement tous les jours. L'expiration des options est généralement réglée en espèces en BTC ou ETH. Vous n'avez donc pas à livrer réellement des BTC ou des ETH.

À quoi peuvent servir les options ?

Vous pouvez utiliser les options, entre autres, pour :

- Spéculer sur des mouvements de prix
- Protéger des positions contre une baisse du prix
- Acheter des actifs au « rabais »
- Générer des rendements supplémentaires sur des positions existantes

Spéculer sur les mouvements de prix

Supposons que le prix du bitcoin soit à 55 000 $, mais vous pensez qu'il va fortement augmenter le mois prochain. Vous pourriez bien sûr acheter du bitcoin, mais si vous avez raison, vous pourriez gagner beaucoup plus avec une option d'achat. C'est parce que le prix d'une option est beaucoup plus bas que le prix de l'actif sous-jacent.

Cela a du sens, bien sûr, car l'option vous donne seulement le droit d'acheter l'actif sous-jacent à un certain prix. Mais si le prix augmente réellement, vous gagneriez (beaucoup) plus avec l'option que si vous aviez simplement acheté un petit morceau de bitcoin avec le même argent. D'un autre côté, vous pourriez également perdre tout votre investissement (dans l'option) si le bitcoin ne monte pas (assez) avant l'expiration de votre droit d'option.

Si vous décidez d'acheter une option d'achat, la question suivante est : quelle option devrais-je acheter ? La réponse à cette question dépend de votre appétit pour le risque. Plus le prix cible est éloigné, plus l'option est « bon marché », mais bien sûr aussi plus faible est la chance que le prix cible ne soit jamais atteint avant la date d'expiration.

Ci-dessous, nous fournissons un certain nombre d'exemples de différentes options d'achat et de vente pour montrer la différence de rendement et de risque. Cela nous permet également de visualiser l'effet de levier des options. Nous choisissons trois différentes options :

Une option *dans la monnaie*

Une option *à la monnaie*

Une option *hors de la monnaie*

Nous calculons le résultat sur la base d'un prix du bitcoin à l'expiration de 61.

Les prix des options ci-dessous sont basés sur un prix futur de 56 300 $. Nous examinons trois différentes options d'achat avec une date d'expiration au 30 avril :

> 1 BTC AVR30 Option d'achat à 50,000 $ @ 8,200 $
>
> 1 BTC AVR30 Option d'achat à 56,000 $ @ 4,500 $
>
> 1 BTC AVR30 Option d'achat à 60,000 $ @ 3,000 $

Chaque option donne le droit d'acheter 1 bitcoin au prix indiqué (50,000 $ pour l'option 1, 56,000 $ pour l'option 2, 60,000 $ pour l'option 3) le 30 avril. Le prix de l'option 1 est évidemment plus élevé que celui de l'option 3, car le prix d'exercice de 50,000 $ pour l'option 1 est inférieur au prix d'exercice de 60,000 $ pour l'option 3.

Supposons maintenant que le prix d'expiration soit de 65,000 $, alors le résultat serait :

1 BTC AVR30 Option d'achat à 50,000 $: 15,000 $ - 8,200 $ = 6,800 $ (rendement de 83%)

1 BTC AVR30 Option d'achat à 56,000 $: 9,000 $ - 4,500 $ = 4,500 $ (rendement de 100%)

1 BTC AVR30 Option d'achat à 60,000 $: 5,000 $- 3,000 $= 2,000 $ (rendement de 66,7%)

Si le prix du bitcoin ne monte pas mais descend plutôt à 50,000 $, le rendement serait :

1 BTC AVR30 Option d'achat à 50,000 $: 0 $ - 8,200 $ = perte de 8,200 $ (rendement de -100%)

1 BTC AVR30 Option d'achat à 56,000 $: 0 $ - 4,500 $ = perte de 4,500 $ (rendement de -100%)

1 BTC AVR30 Option d'achat à 60,000 $: 0 $ - 3,000 $ = perte de 3,000 $ (rendement de -100%)

Examinons maintenant trois différentes options de vente, c'est-à-dire des options avec lesquelles vous spéculez sur une baisse de prix :

1 BTC AVR30 Option de vente à 60,000 $ @ 6,700 $

1 BTC AVR30 Option de vente à 56,000 $ @ 4,200 $

1 BTC AVR30 Option de vente à 50,000 $ @ 1,900 $

Chacune de ces options de vente donne le droit de vendre 1 bitcoin au prix d'exercice le 30 avril. Encore une fois, l'option 1 est la plus chère, car cette option vous donne le droit de vendre 1 bitcoin pour 60,000 $, tandis que l'option 3 vous donne le droit de vendre 1 bitcoin pour 50,000 $. Supposons maintenant que le prix d'expiration soit de 45,000 $, alors le résultat serait :

1 BTC AVR30 Option de vente à 60,000 $: 15,000 $ - 6,700 $ = 8,300 $ (rendement de 124%)

1 BTC AVR30 Option de vente à 56,000 $: 11,000 $ - 4,200 $ = 6,800 $ (rendement de 162%)

1 BTC AVR30 Option de vente à 50,000 $: 5,000 $ - 1,900 $ = 3,100 $ (rendement de 163%)

Si le prix ne baisse pas mais augmente plutôt à 60,000 $, le rendement à l'expiration est le suivant :

1 BTC AVR30 Option de vente à 60,000 $: 0 $ - 6,700 $ = perte de 6,700 $ (rendement de -100%)

1 BTC AVR30 Option de vente à 56,000 $: 0 $ - 4,200 $ = perte de 4,200 $ (rendement de -100%)

1 BTC AVR30 Option de vente à 50,000 $: 0 $ - 1,900 $ = perte de 1,900 $ (rendement de -100%)

Il est tout à fait possible qu'avec le recul, votre vision était correcte mais que le prix n'a pas augmenté (ou baissé, dans le cas d'une option de vente) suffisamment avant l'expiration de l'option. Vous n'auriez évidemment pas ce problème si vous aviez simplement acheté 1 bitcoin en direct. Mais alors, à un prix de 55,000 $, vous auriez dû débourser 55,000 $au lieu de quelques milliers de dollars.

Hedging Positions Against a Price Drop

L'une des caractéristiques remarquables des options est qu'elles peuvent être utilisées pour protéger des positions existantes contre les baisses de prix. Par exemple, si vous possédez 1 BTC dans votre portefeuille d'investissement, vous n'avez besoin que d'une seule option de vente pour assurer votre bitcoin contre une chute soudaine du prix pendant une certaine période.

Il est vrai que vous devriez payer une prime d'option pour cette assurance, mais toutes les assurances ont un coût. C'est comme avoir une assurance incendie pour votre maison : il est rassurant d'être protégé financièrement si votre maison brûle, mais vous ne le regretteriez certainement pas si elle ne s'embrasait pas.

Comme mentionné, le contrat d'option bitcoin minimum chez Deribit est de 0,1 BTC. Donc, si par exemple, vous avez 0,4 BTC dans votre portefeuille, vous pouvez protéger votre position en bitcoin en achetant des options de vente de 0,4 BTC. Prenons un exemple :

Imaginons que vous ayez acheté 1 bitcoin à un prix de 55,000 $ et que vous souhaitez réduire le risque de baisse de votre position au cours des prochains mois. Vous pouvez le faire en achetant une option de vente.

Disons que vous décidez d'acheter 1 BTC MAY07 Option de vente à 55,000 $ @ 4,200 $. Cela signifie que pour 4,200 $, vous achetez le droit de vendre 1 bitcoin à 55,000 $ le 7 mai, exactement le montant pour lequel vous avez acheté votre bitcoin.

Supposons que le prix du BTC à expiration soit de 45,000 $. Cela signifierait que votre investissement en bitcoin a perdu 10,000 $ de valeur (55,000 $ - 45,000 $). Cependant, l'option de vente que vous avez achetée vous rapportera de l'argent, soit 55,000 $ - 45,000 $ = 10,000 $. Bien sûr, vous devez également prendre en compte la prime payée de 4,200 $.

Votre résultat serait donc le suivant :

Une perte de 10,000 $ sur votre position en bitcoin, un bénéfice brut de 10,000 $ sur l'option de vente, moins les 4,200 $ que vous avez payés pour l'option. Perte totale : 4,200 $. Mais si vous n'aviez pas acheté l'option de vente, votre perte aurait été de 10,000 $.

Un autre avantage de s'assurer en achetant une option de vente est que vous pouvez simplement conserver votre bitcoin dans votre portefeuille et ainsi continuer à bénéficier de toute hausse de prix.

Si votre option arrive à expiration, vous pouvez bien sûr toujours en acheter une nouvelle, en fonction de vos attentes sur le marché. La règle générale est la suivante : plus la durée de l'option est longue et plus le prix d'exercice est proche du prix actuel, plus la prime est élevée.

Acheter des actifs avec une « réduction »

Imaginez que vous souhaitiez acheter du bitcoin à un meilleur prix (et qui ne le souhaite pas ?) ; en même temps, vous ne voulez pas manquer une éventuelle hausse du prix. Une façon de bénéficier d'une augmentation de prix (modérée) sans prendre une position directe dans l'actif est de rédiger une option de vente.

Avec une option de vente rédigée, vous vous engagez potentiellement à acheter du bitcoin à un certain prix (tandis que l'acheteur de votre option de vente obtient le droit de vendre du bitcoin à un certain prix). Parce que vous rédigez l'option, vous recevez une prime d'option.

Vous jouez ici le rôle d'un assureur. Pensez à un assureur incendie qui reçoit une prime d'une personne qui souhaite assurer sa maison contre les dommages d'incendie. Si la maison brûle, l'assureur doit indemniser l'assuré. Si la maison ne brûle pas, l'assureur peut empocher la prime reçue une fois la période d'assurance expirée.

Si vous rédigez une option de vente et que le prix du bitcoin augmente, reste le même, ou ne tombe pas en dessous du prix d'exercice, vous pouvez empocher la prime que vous avez reçue. Le prix peut même chuter légèrement en dessous du prix d'exercice. Vous ne subissez une véritable perte que lorsque le bitcoin chute davantage en dessous du prix d'exercice par rapport à la prime que vous avez reçue (calculé à la date d'expiration).

Examinons trois différentes options de vente, en supposant à nouveau un prix futur du bitcoin de 56,300 $. Les exemples ci-dessous illustrent clairement le risque potentiel et l'avantage d'une option de vente rédigée :

Exemple 1) Vous rédigez 1 BTC APR30 60,000 $ Put @ 6,700 $

Exemple 2) Vous rédigez 1 BTC APR30 56,000 $ Put @ 4,200 $

Exemple 3) Vous rédigez 1 BTC APR30 50,000 $ Put @ 1,900 $

Si le prix d'expiration est de 45,000 $, le résultat (le -1 indique une option de vente rédigée) serait :

-1 BTC APR30 60,000 $ Put : -15 000 $ + 6 700 $ = perte de 8 300 $

-1 BTC APR30 56,000 $ Put : -11 000 $ + 4 200 $ = perte de 6 800 $

-1 BTC APR30 50,000 $ Put : -5 000 $ + 1 900 $ = perte de 3 100 $

Si le prix ne baisse pas mais monte plutôt à 60 000 $, le rendement à l'expiration serait le suivant :

-1 BTC APR30 60,000 $ Put : 0 $ + 6 700 $ = bénéfice de 6 700 $

-1 BTC APR30 56,000 $ Put : 0 $ + 4 200 $ = bénéfice de 4 200 $

-1 BTC APR30 50,000 $ Put : 0 $ + 1 900 $ = bénéfice de 1 900 $

Vous pouvez voir que le profil de profit et de perte du rédacteur de l'option est exactement opposé à celui de l'acheteur de l'option de vente. Le profit de l'acheteur de l'option est toujours la perte du rédacteur de l'option et vice versa.

Les exemples ci-dessus montrent également que plus le prix d'exercice que vous rédigez est élevé, plus la prime d'option que vous recevez est élevée ; mais n'oubliez pas que le risque sera également plus élevé dans ce cas. Il est également intéressant de mentionner que votre perte en tant que rédacteur d'option est plus faible que si vous aviez acheté 1 bitcoin directement à ce moment-là.

Important : Lors de la rédaction d'options, déterminez toujours un point de stop loss pour vous-même, un niveau auquel vous prenez la perte. Cela pourrait être lorsque le prix dépasse le prix d'exercice, par exemple. À ce moment-là, l'option est dans la monnaie et commencera à nuire de plus en plus au rédacteur si le prix continue de s'éloigner. Si vous attendez que le prix dépasse le prix d'exercice, vous êtes généralement déjà trop en retard et vous serez déjà en perte, selon le temps restant jusqu'à l'expiration. Nous préférons fixer un point de stop loss légèrement supérieur au prix d'exercice (dans le cas d'une option de vente écrite), de préférence autour d'un niveau de support important.

Si vous pensez que le prix du bitcoin va augmenter rapidement, vous ne profiterez pas de manière optimale avec seulement une option de vente écrite. Dans ce cas, vous pourriez acheter une option d'achat en plus de rédiger une option de vente. Votre risque augmenterait évidemment dans ce scénario, mais si vous avez raison, vous pourriez aussi gagner beaucoup plus.

À ce stade, il devrait être clair que la rédaction d'options de vente et d'achat peut augmenter considérablement votre retour sur investissement. Mais encore une fois, assurez-vous d'appliquer toujours une gestion des risques appropriée.

Générer des rendements supplémentaires sur des positions existantes

Si vous avez des bitcoins dans votre portefeuille, les options d'achat rédigées sont idéales pour réaliser des rendements supplémentaires sur un marché latéral ou légèrement à la hausse.

Examinons quelques scénarios où vous avez acheté 1 bitcoin pour 55 000 $ puis rédigé une option d'achat couverte de 1 bitcoin.

Voici trois options d'achat avec différents prix d'exercice (le signe moins représente une option rédigée) :

-1 BTC APR30 50 000 $ Appel @ +8 200 $ (prime reçue)

-1 BTC APR30 56 000 $ Appel @ +4 500 $ (prime reçue)

-1 BTC APR30 60 000 $ Appel @ +3 000 $ (prime reçue)

À un prix d'expiration de 65 000 $, le résultat serait :

Résultat de la position longue d'1 BTC : 65 000 $ - 55 000 $ = +10 000 $ Résultat de l'option -1 BTC APR30 50 000 $ Appel (prix d'expiration supérieur au prix d'exercice) : -6 800 $

Résultat total : 10 000 $ - 6 800 $ = +3 200 $

Résultat de la position longue d'1 BTC : 65 000 $ - 55 000 $ = +10 000 $
Résultat de l'option -1 BTC APR30 56 000 $ Appel : -4 500 $

Résultat total : 10 000 $ - 4 500 $ = +5 500 $

Résultat de la position longue d'1 BTC : 65 000 $ - 55 000 $ = +10 000 $
Résultat de l'option -1 BTC APR30 60 000 $ Appel : -2 000 $

Résultat total : 10 000 $ - 2 000 $ = +8 000 $

Comme vous pouvez le voir, vous pouvez augmenter considérablement votre rendement sur un marché à la hausse non seulement en achetant l'actif, mais aussi en rédigeant une option d'achat couverte dessus. Et même si le prix n'augmente pas mais reste autour du niveau actuel, soit toujours à 55 000 $ à l'expiration, vous réaliseriez toujours un profit, ce que vous n'auriez pas sans l'option d'achat rédigée.

Regardez les résultats lorsque le prix est de 55 000 $ à l'expiration :

Résultat de la position longue d'1 BTC : 55 000 $ - 55 000 $ = 0 $

Résultat de l'option -1 BTC APR30 50 000 $ Appel : 8 200 $ - 5 000 $ = +3 200 $

Bénéfice total : 0 $ + 3 200 $ = 3 200 $

Résultat de la position longue d'1 BTC : 55,000 $ - 55,000 $ = 0 $

Résultat de l'option -1 BTC APR30 56,000 $ Call : 0 $ + 4,500 $ = 4,500 $ **Résultat total** : 0 $ + 4,500 $ = 4,500 $

Résultat de la position longue d'1 BTC : 55,000 $ - 55,000 $ = 0 $

Résultat de l'option -1 BTC APR30 60,000 $ Call : 0 $ + 3,000 $ = +3,000 $ **Résultat total** : 0 $ + 3,000 $ = 3,000 $

Seulement si le prix ne monte pas mais diminue (rapidement), vous auriez un résultat moins favorable. Par exemple, regardez le résultat si le prix du bitcoin baisse de 5 000 $, pour atteindre 50 000 $:

Résultat de la position longue d'1 BTC : 50 000 $ - 55 000 $ = -5 000 $ Résultat de l'option -1 BTC APR30 50 000 $ Appel : 0 $ + 8 200 $ = +8 200 $

Résultat total : -5 000 $ + 8 200 $ = +3 200 $

Résultat de la position longue d'1 BTC : 50 000 $ - 55 000 $ = -5 000 $ Résultat de l'option -1 BTC APR30 56 000 $ Appel : 0 $ + 4 500 $ = +4 500 $

Résultat total : -5 000 $ + 4 500 $ = -500 $

Résultat de la position longue d'1 BTC : 50 000 $ - 55 000 $ = -5 000 $ Résultat de l'option -1 BTC APR30 60 000 $ Appel : 0 $ + 3 000 $ = +3 000 $

Résultat total : -5 000 $ + 3 000 $ = -2 000 $

Clairement, sur un marché à la hausse, la rédaction d'options d'achat couvertes sur vos positions existantes peut être extrêmement lucrative, à condition que le prix reste stable ou ne monte que modérément. Cependant, comme vous avez une position d'1 BTC, vous prenez un certain risque en cas de baisse significative du prix, d'où l'importance de déterminer un point de stop loss.

Conclusion

Nous avons examiné comment vous pouvez utiliser les options pour spéculer à moindre coût sur un mouvement de prix, sans avoir à acheter l'actif sous-jacent, où votre perte maximale est la prime payée. De plus, cette méthode vous permet également de spéculer facilement sur les baisses de prix.

Vous pouvez également gagner de l'argent en rédigeant des options, ce qui vous permet de percevoir une prime d'option. Dans ce cas, cependant, vous devriez toujours couvrir l'option pour limiter votre risque maximal.

Les options ont aussi l'avantage de vous permettre de couvrir d'éventuelles pertes sur des positions existantes. C'est en réalité une forme d'assurance qui peut apporter une certaine stabilité à votre portefeuille pendant des périodes turbulentes.

Enfin, nous avons examiné comment augmenter le rendement sur des positions existantes en rédigeant des options d'achat dans un marché haussier, ce qui vous permet de percevoir une prime d'option en plus des gains de prix.

En résumé : les options offrent de nombreuses possibilités et valent donc certainement la peine d'être ajoutées à votre boîte à outils de trading.

Partie V

Comment devenir un trader de cryptomonnaie réussi

21

Pourquoi la plupart des traders perdent de l'argent

Trader de manière constamment rentable n'est pas facile. Tout le monde peut avoir de la chance une fois ou même pendant un moment — certainement dans un marché haussier — mais la chance ne dure jamais éternellement et chaque marché haussier finit par prendre fin.

La principale raison pour laquelle la plupart des traders débutants perdent de l'argent est qu'ils ont le mauvais état d'esprit. « L'avidité est une bonne chose », déclare le propriétaire de hedge fund, Gordon Gekko, dans le film légendaire Wall Street. Et c'est vrai ; l'avidité stimule l'innovation et l'efficacité et nous rend vifs et concentrés. Mais une avidité sans réflexion conduit à l'imprudence et à l'autodestruction.

Non, trader de manière rentable n'est pas facile, et si vous investissez en courant dans tous les sens, vous serez très vite essoufflés, pour le plus grand bonheur des traders qui gardent la tête sur les épaules

Pour vous aider à éviter cette fin indésirable, dans ce chapitre, nous examinerons certaines des erreurs les plus courantes commises par les traders novices.

Trader avec émotion

C'est sans aucun doute la plus grosse erreur que font les traders débutants. L'émotion peut être un puissant moteur de nombreuses mauvaises décisions de trading. Elle peut se manifester, par exemple, lorsqu'une monnaie augmente soudainement et/ou est vantée par un gourou crypto auto-proclamé ou un ami. Vous devez y entrer avant qu'il ne soit trop tard, le moment est maintenant, maintenant, maintenant. Il y a même un acronyme pour ce genre d'erreur : FOMO, Fear of Missing Out (Peur de manquer quelque chose). Une autre erreur est de clôturer des positions prématurément par peur que les profits ne s'évaporent ; ou d'ouvrir des positions trop rapidement pour compenser les pertes dans une autre position. Toutes ces erreurs sont compréhensibles mais néanmoins imprudentes. Les décisions émotionnelles peuvent et coûtent parfois aux (jeunes) investisseurs la totalité de leur capital de trading.

Si vous vous reconnaissez dans cette description, sachez que vous n'êtes certainement pas le seul. Nous avons tous dû payer des frais d'apprentissage pour maîtriser le trading. Mais en tant qu'auteurs de ce livre, notre travail est d'essayer de vous aider à maintenir ces frais d'apprentissage aussi bas que possible (idéalement pas plus que le prix de ce livre).

Ne pas avoir de stratégie d'entrée sur le marché

Les traders novices réfléchissent souvent peu au moment idéal pour ouvrir une position sur une monnaie. Mais même lorsque vous avez décidé d'investir dans une monnaie, il est parfois préférable d'attendre un meilleur moment, un meilleur prix. Surtout si vous ne prévoyez pas de conserver la monnaie pendant les cinq prochaines années mais souhaitez la trader activement.

La monnaie est-elle actuellement en phase de correction ? Attendez qu'elle reprenne sa montée. La monnaie vient-elle de grimper récemment sans correction ? Alors il vaudrait peut-être mieux attendre le repli. Bien sûr, il arrive que des actifs continuent à monter régulièrement et il aurait été préférable d'y investir immédiatement, mais le plus souvent, même le prix de l'actif le plus brillant devient (temporairement) la proie de la gravité.

Attention, il ne s'agit pas d'attendre le moment parfait pour acheter - vous pourriez attendre éternellement que cela arrive - mais d'évaluer l'évolution du prix avant d'acheter. Y a-t-il une tendance à la hausse et vient-il d'y avoir un rejet d'un niveau de support ? C'est peut-être le bon moment pour entrer. Pensez-vous qu'un mouvement à la baisse a encore du chemin à faire, jusqu'à ce qu'il soit plus proche d'un niveau de support important ? Dans ce cas, un ordre limite pourrait être la meilleure solution.

Ne pas avoir de stratégie de sortie

Une sagesse bien connue de Wall Street dit : coupez vos pertes et laissez courir vos profits. Les traders débutants font souvent exactement le contraire ; ils laissent leurs pertes s'accumuler en espérant que tout ira bien à nouveau, tout en prenant leurs profits trop tôt de peur que tout ne s'évapore à nouveau. Ce sont des émotions très naturelles, mais cela ne signifie pas que vous devriez y céder. L'une des meilleures choses que vous puissiez faire pour vous protéger de sortir trop tôt est de simplement fixer un objectif de profit à l'avance.

Avec les cryptos, nous fixons souvent un prix cible 25-40% au-dessus du prix d'achat. Si cet objectif est atteint, nous clôturons la moitié de la position et fixons immédiatement un nouvel objectif pour la moitié restante, 25-40% au-dessus du prix actuel. Bien sûr, vous n'avez pas à faire exactement de la même manière. Peut-être préférez-vous un objectif plus bas, ou sortir avec toute la position lorsque l'objectif est atteint, ou avec un tiers au lieu de la moitié. Tout cela est bien. L'important est de décider à l'avance, afin de ne pas sortir trop tôt.

Ne pas utiliser d'ordres limites

Cette erreur a beaucoup à voir avec les deux points précédents. Les ordres limites peuvent grandement faciliter votre vie de trader. Avec un ordre limite, vous pouvez simplement placer un ordre à un prix spécifique sans avoir à y regarder de plus près. Vous pouvez utiliser les ordres limites à la fois pour entrer et sortir d'une position.

Bien sûr, vous pouvez également ouvrir et fermer manuellement vos positions, mais cela augmente le risque d'un échange émotionnel, comme entrer/sortir trop tôt/trop tard. Parfois, vous pourriez ne pas être en mesure d'ouvrir/fermer votre position vous-même au prix souhaité. Peut-être que vous dormez, ou que vous êtes au travail, ou à l'école, ou en plein dîner romantique (conseil bonus : ne vérifiez jamais les cours lors d'un premier rendez-vous). Le marché des cryptos est ouvert 24/7 et vous ne savez jamais quand le prix atteindra le point auquel vous voudriez agir. Les ordres limites vous permettent de déterminer à l'avance l'exécution automatique des transactions à des prix spécifiques.

Utiliser trop de signaux techniques

C'est un autre piège pour les traders novices, en particulier pour les traders sérieux qui essaient de se protéger autant que possible contre les trades perdants. Même certains traders professionnels souffrent parfois de ce syndrome de sécurité.

Jan-Robert avait par exemple un collègue dans la salle des options, qui avait développé un système de trading compliqué qui ne déclenchait un échange que lorsqu'une vingtaine de signaux techniques différents donnaient le feu vert. En toute honnêteté, les échanges que ce trader effectuait étaient presque toujours gagnants. Le problème était qu'il n'arrivait presque jamais que tous les signaux soient au vert, et il n'effectuait donc presque jamais de trade. Le trader est par la suite allé travailler pour une compagnie d'assurance. Véritable histoire.

La réalité du trading est que les gagnants garantis n'existent pas. Plus tôt vous accepterez cela, mieux ce sera. Les meilleurs signaux techniques sont souvent générés par vos propres yeux. Étudiez le graphique, observez la tendance, localisez les niveaux de support et de résistance importants, estimez un prix cible réaliste. Si vous croyez en l'avenir d'un projet de monnaie, vous n'avez vraiment pas besoin de vingt signaux pour déterminer quand entrer.

Ne pas appliquer la diversification des risques

Il est conseillé de diversifier votre portefeuille crypto sur différentes monnaies, sauf si vous avez l'intention de simplement allouer 5% de votre portefeuille d'investissement à Bitcoin et de le laisser en l'état pendant les 20 prochaines années, ce qui peut être approprié si vous avez une grande confiance dans ce projet crypto en particulier.

Il y a plusieurs secteurs où la crypto fait son entrée ces jours-ci : DeFi, jeux, art (NFTs), énergie, nourriture, etc. Il est judicieux de répartir vos investissements cryptos sur différents secteurs pour augmenter vos chances de faire un carton et ne pas être complètement dépendant du succès d'une ou deux monnaies.

Conclusion

Les deux principales raisons pour lesquelles de nombreux traders débutants perdent de l'argent sont trop d'émotion et trop peu de planification.

Les traders novices se lancent souvent dans le trading avec enthousiasme mais ne réfléchissent pas suffisamment à la manière de s'y prendre. Ils commencent généralement avec quelques centaines ou quelques milliers de dollars, prennent immédiatement des positions dans certaines cryptos dont ils ont entendu parler, puis se retirent au moindre revers. Ils entrent souvent trop tard sur des monnaies qui ont déjà fortement augmenté et sortent trop tôt sur des monnaies qui sont simplement en correction de prix.

Vu qu'avoir le bon état d'esprit est si important pour le succès à long terme, les prochains chapitres se concentreront sur la création d'un plan de trading et sur la psychologie du trading. Nous conclurons cette partie avec les dix pièges les plus importants et des conseils de trading utiles.

22

Votre plan de trading

Un bon plan de trading est essentiel pour réussir à long terme. Ceci s'applique au trading d'actions, de devises, de matières premières, et certainement aussi de cryptomonnaies. Avant de réaliser votre premier échange, il est donc judicieux de prendre un peu de temps pour créer votre propre plan de trading.

Un plan de trading décrit les conditions dans lesquelles un trader entrera sur le marché. Il examine plusieurs facteurs, tels que la taille du capital de trading, la taille maximale des positions individuelles, les objectifs de profit, le type de pièces à échanger, les conditions pour ouvrir et fermer un échange, etc. En bref, un plan de trading vous donne quelque chose à quoi vous accrocher pendant que vous tradez et sur quoi vous reposer (et éventuellement à ajuster) lorsque les choses ne se passent pas si bien.

Ne poussez pas trop loin - imposer trop de règles et de critères à vous-même pourrait aussi avoir un effet paralysant - mais assurez-vous d'avoir au moins les parties les plus importantes de votre plan de trading en ordre.

Composants de votre plan de trading

Un bon plan de trading pour la négociation de cryptos se compose, au minimum, des cinq composants suivants :

- Stratégie de trading
- Gestion de l'argent
- Objectifs de ROI
- Critères de sélection des pièces
- Moments d'évaluation

Stratégie de trading

Tapez « stratégies de trading » sur Google et vous tomberez sur des centaines, voire des milliers de stratégies de trading différentes, parfois avec des noms des plus exotiques. Toutes ces différentes stratégies peuvent finalement être divisées en deux manières de trader, passive et active, et une poignée de sous-catégories.

Les principales formes de trading passif sont le HODLing (achat et conservation) et le trading de tendance, également appelé trading de position. Le trading actif comprend toutes les stratégies de swing trading, day trading et scalping.

Choisir une stratégie de trading qui vous convient est une partie importante de votre plan de trading. Maîtriser une stratégie de trading prend toujours du temps et des efforts, mais si vous vous contentez d'un méli-mélo de toutes sortes de stratégies différentes, vous réduirez vos chances de réussite à long terme.

Selon le temps dont vous disposez pour trader et votre résistance au stress, une stratégie peut être plus adaptée qu'une autre. Ci-dessous, nous discutons brièvement des stratégies les plus importantes et pour qui elles conviennent.

Stratégies passives de trading

HODLing

Il s'agit de l'argot crypto pour la stratégie d'achat et de conservation éprouvée. Le HODLer crypto typique identifie une ou plusieurs cryptos - par exemple, le bitcoin, l'ether et le BNB - et investit (une partie de) son capital de trading dans celles-ci, soit en un seul gros achat, soit étalé sur une période plus longue, puis il les conserve simplement. Les HODLers de cryptos sont souvent tellement convaincus de la rentabilité à long terme de leur portefeuille qu'ils sont presque heureux lorsque le bitcoin s'effondre, car ils le voient comme une chance d'augmenter leurs avoirs à moindre coût.

Le HODLing est une excellente stratégie à long terme. L'inconvénient est que vous ne pouvez pas bien réagir aux changements du marché, ce qui signifie que vous ne pouvez pas profiter de l'évolution parfois spectaculaire des prix de certaines des nouvelles pièces. Le HODLing peut aussi vous rendre paresseux, entraînant une évaluation (trop) faible des positions.

Le HODLing est la stratégie idéale pour les traders qui n'ont pas beaucoup de temps pour trader activement mais qui veulent tout de même profiter du potentiel à long terme des cryptos.

Trading de tendance

Il s'agit d'une version plus flexible du HODLing. Les traders de tendance prennent des positions dans des actifs qui sont dans une tendance à long terme, soit à la hausse ou à la baisse, puis restent dans le trade aussi longtemps que la tendance continue, ce qui peut durer des semaines, des mois ou même des années.

Le trading de tendance peut être très lucratif à long terme. De plus, le trade a une chance de réussite relativement élevée car les tendances existantes ne sont pas souvent rompues ; les véritables renversements de tendance sont assez rares.

D'un autre côté, les marchés évoluent souvent horizontalement plutôt qu'en suivant une tendance. Cela signifie qu'il peut y avoir de longues périodes pendant lesquelles un trade rapporte peu alors que d'autres actifs bougent beaucoup pendant la même période. Par conséquent, un trader actif (et réussi) obtient souvent des rendements plus élevés qu'un trader de tendance relativement passif.

Le trading de tendance est particulièrement adapté aux investisseurs qui n'ont pas le temps de trader au quotidien.

Stratégies de trading actif

Swing trading

Les traders en swing tentent de profiter des périodes (souvent longues) pendant lesquelles les prix évoluent latéralement. Le swing trader recherche donc des actifs dont le prix évolue dans un canal entre d'importants niveaux de support et de résistance.

Aucun canal ne dure éternellement et chaque trader en swing sera finalement stoppé. Mais avant que cela ne se produise, il pourrait effectuer deux ou trois ou dix trades rentables qui lui rapporteront bien plus que ce qu'il a perdu avec ce trade stoppé.

Vous pouvez appliquer des stratégies de swing trading à des trades à court terme comme à des trades à plus long terme, mais la plupart des traders en swing ont tendance à être des traders actifs avec des horizons de trading allant d'intraday à quelques semaines.

Day Trading

Les day traders ouvrent et ferment souvent des trades le même jour (le terme est explicite) et ils gardent un œil extrêmement attentif sur les marchés à la recherche d'opportunités. Le day trading est donc une manière très active de trader.

Les niveaux de support et de résistance intraday jouent un rôle important, mais les prix journaliers sont souvent aussi influencés par les développements de l'actualité et les événements économiques tels que les décisions de taux d'intérêt de la Réserve fédérale ou la publication de chiffres d'inflation importants (une inflation élevée est souvent perçue comme positive pour les cryptos et vice versa). Les day traders devraient donc surveiller de près les marchés ainsi que les actualités et événements qui les impactent.

Les stratégies de day trading ne conviennent généralement pas aux investisseurs ayant un emploi chargé. Si vous avez un travail à plein temps et que vous souhaitez savoir si le day trading est fait pour vous, nous vous conseillons de vous exercer à définir des points d'entrée et de sortie automatiques au début de la journée et de voir si cela vous convient. Cependant, selon notre expérience, rester informé de ce qui se passe sur le marché prend trop de temps à côté d'un travail à plein temps.

Scalping

Il s'agit de la forme de trading la plus active. Les scalpeurs tentent de réaliser de petits profits sur de courtes périodes de momentum intraday et effectuent des dizaines, parfois même des centaines de trades pendant la journée. Essayer de marquer seulement quelques points de pourcentage sur un trade peut ne pas sembler excitant, mais boire beaucoup de petites gorgées peut aussi vous rendre ivre.

Le scalping est évidemment également moins adapté si vous avez un emploi du temps chargé, bien qu'il soit techniquement possible de limiter votre scalping à, disons, une heure par jour. À cet égard, il est différent du day trading régulier, qui vous oblige à rester au top des marchés tant que vous avez des positions ouvertes. Les scalpeurs, eux, tradent purement sur le momentum intraday.

Avoir structurellement réussi dans le scalping est plus difficile qu'il n'y paraît. Vous devez avoir des nerfs d'acier et de la discipline pour sortir d'un trade dès qu'il se retourne contre vous afin de limiter la perte. Un mauvais trade peut effacer le profit d'une journée.

Entrées et sorties

Déterminer les points d'entrée et de sortie est une partie importante de votre stratégie de trading et de votre plan de trading.

Entrées

Vous pouvez prendre position à différents moments et de différentes manières. Vous pouvez entrer sur le marché lorsqu'un niveau important de support ou de résistance est rompu par exemple ; ou lorsque le prix a atteint un niveau spécifique ; ou à un moment fixe (pensez à la stratégie de moyenne des coûts en dollars) ; ou même simplement au prix du marché actuel, si vous avez l'intention de HODLer et que le point de prix actuel semble aussi bon que n'importe quel autre pour entrer.

Avec un outil de cartographie en ligne comme TradingView, vous pouvez créer des listes de surveillance des cryptos que vous souhaitez suivre. Vous pouvez également configurer des alertes de trading, très utiles si vous souhaitez entrer à un certain niveau de prix.

Vous pouvez ouvrir toute la position en une fois ou par phases. L'avantage de l'entrée échelonnée est qu'elle vous protège quelque peu contre la volatilité du marché — ce qui n'est pas un luxe inutile quand il s'agit de trading de cryptos. D'un autre côté, si vous aviez raison et que le prix d'un actif explose, vous voudrez probablement vous donner des claques pour ne pas avoir tout misé tout de suite. Cela montre que même la prudence a un prix.

Il n'y a pas de bonne réponse sur le fait que vous devriez ou non utiliser des entrées échelonnées. Cela dépend de votre préférence. Ce qui est important, c'est d'y penser à l'avance.

Les HODLers de cryptos utilisent souvent la moyenne des coûts en dollars (DCA) pour compenser la volatilité des prix. Un HODLer pourrait décider d'acheter pour 250 $ de pièces tous les premiers et quinze du mois, par exemple. Parfois, le HODLer pourrait acheter à un prix relativement élevé, mais d'autres fois, il pourrait entrer lorsque le prix baisse.

Encore une fois, l'important est de réfléchir à votre stratégie d'entrée avant de prendre position, afin d'avoir un plan, quelque chose que vous pouvez surveiller, mesurer, ajuster.

Sorties

Quand sortir, fermer une position est bien sûr tout aussi important. Il existe trois types de sorties :

1. Stop loss, pour protéger vos actifs.
2. Objectifs de profit, pour sécuriser vos gains.
3. Temps, quand une position bouge peu pendant longtemps, par exemple.

Si vous appliquez la stratégie d'entrer et de sortir entièrement, vous devez avoir un bon timing. Le grand inconvénient de tout vendre à un certain niveau de prix est, bien sûr, que vous ne pouvez plus profiter des grands mouvements de prix dans la pièce. De notre côté, nous préférons donc prendre des profits par phases.

Lorsque vous subissez une perte (stop loss), il est important de fermer votre position entière. Ne restez jamais trop longtemps dans une transaction perdante. Le moment où vous enregistrez la perte est une question personnelle. Pour un investisseur, une perte de 10% peut déjà être trop, pour un autre, une perte de 30% n'est pas encore une raison de paniquer.

Déterminer les points de coupe, c'est-à-dire les moments où vous enregistrerez la perte, est une partie importante d'une bonne gestion de l'argent. *Déterminez toujours ce point à l'avance* et non lorsque la transaction est déjà en train de couler. Ne vous compliquez pas la vie en vous laissant tenter de rester dans une transaction perdante.

Subir une perte est toujours douloureux et peut être ressenti comme une défaite, mais souvenez-vous que limiter vos pertes est au moins aussi important que maximiser vos profits. Savoir à l'avance quand couper une position perdante déterminera votre succès ultime en tant que trader.

Si vous remarquez que vous avez pris trop de positions perdantes récemment, il pourrait être judicieux d'évaluer vos activités de trading. Analysez vos trades et essayez de déterminer s'il y a certaines modifications que vous pourriez apporter pour obtenir de meilleurs résultats.

Gestion de l'argent

Une bonne gestion de l'argent est essentielle pour votre succès commercial à long terme. Chaque trader est différent, donc chacun doit décider quelles règles lui conviennent. Le plus important est que vous respectiez vos propres règles. Les composants importants d'une bonne gestion d'argent sont :

- Allocation des risques
- Taille de la position
- Diversification de la position

Allocation des risques

Il s'agit de déterminer combien de votre capital commercial vous souhaitez réserver pour le trading de cryptomonnaies.

Supposons que vous ayez 50 000 € à investir, par exemple, et que vous soyez optimiste sur les cryptos mais que vous ne vouliez pas tout risquer. Vous pourriez alors mettre de côté, disons, 80% pour des investissements à long terme comme les actions et peut-être quelques obligations, et placer les 20% restants dans les cryptos.[42]

Si vous êtes plus prudent mais ne voulez pas manquer une éventuelle grande opportunité avec les cryptos, vous pourriez aussi décider d'investir seulement quelques pourcents de votre capital commercial en

42 Ce n'est pas un conseil d'investissement. La quantité – si tant est qu'il y en ait – de votre capital de trading que vous devriez mettre de côté pour échanger des cryptomonnaies dépend entièrement de vous. Nous voulons simplement souligner que vous devriez y réfléchir à l'avance.

crypto et consacrer le reste à des actifs moins risqués. Ainsi, si ce collègue agaçant ou cet oncle vantard avait raison, vous aurez au moins mis un pied dans cette nouvelle richesse aussi.

Et bien sûr, vous pourriez aussi tout risquer, tout investir. Il y a un exemple célèbre, celui d'un Néerlandais qui a vendu tout ce qu'il possédait - y compris sa maison - et tout investi en bitcoins au début de l'année 2017, lorsque le bitcoin se négociait à environ 3 700 $.[43] Tout le monde le traitait de fou — et soyons honnêtes, c'était le cas. Mais six ans plus tard, en 2023, en plein milieu d'un autre hiver crypto après une chute d'un sommet de plus de 68 000 $, le bitcoin s'échangeait aux alentours de 26 000 $.

Nota Bene : Nous l'avons déjà dit et nous le répéterons : les cryptos sont des investissements à haut risque ; votre investissement en crypto pourrait augmenter de centaines, de milliers, voire de dizaines de milliers de pourcents à long terme - mais il pourrait aussi disparaître. Il est important que vous en soyez conscient.

Taille de la position

Il s'agit de décider combien de votre capital d'investissement (crypto) vous êtes prêt à risquer par position. Certains investisseurs utilisent une perte maximale de 1,5 à 2% par position, d'autres tolèrent jusqu'à 5% par transaction.

Déterminez également le risque que vous souhaitez prendre sur toutes les positions ouvertes. Comme dit, il n'y a pas de réponse « juste » univoque, c'est vraiment une question personnelle, mais fixer (et vous tenir à) une taille de position maximale peut vous donner la tranquillité d'esprit, ce qui réduira le risque de transactions émotionnelles.

Une règle pourrait être de ne pas avoir plus de dix positions ouvertes en même temps, ou de ne pas avoir plus de 20% de votre capital commercial en positions ouvertes. Encore une fois, c'est un choix person-

43 newsweek.com/bitcoin-man-sells-house-possessions-cryptocurrency-682459

nel, mais limiter votre exposition globale peut aider à garder votre niveau de stress bas.

Personnellement, nous avons beaucoup de positions crypto ouvertes car nous lâchons rarement un investissement crypto dans son intégralité. Nous réduisons souvent progressivement la position à mesure que les profits augmentent, jusqu'à ce qu'il ne reste qu'une position résiduelle de 25% de la position initiale.

Diversification de la position

Comme pour d'autres actifs, il est généralement judicieux de diversifier lors de l'investissement dans les cryptos. Répartissez donc votre capital sur plusieurs pièces. De cette façon, vous évitez de dépendre d'un nombre limité de pièces.

À mesure que le marché de la cryptomonnaie mûrit, la corrélation entre les fortunes du bitcoin et les milliers d'altcoins - il y a maintenant plus de 18 000 pièces - diminue régulièrement. Pourtant, de nombreux investisseurs crypto placent encore la majeure partie de leur capital dans le bitcoin. Il est tout à fait possible, cependant, que le bitcoin ne fasse pas partie des gagnants crypto à long terme, car c'est l'une des rares pièces de grande notoriété qui n'a rien d'important à offrir en dehors d'être la pièce la plus ancienne. De plus, bon nombre des nouvelles pièces ont une trajectoire d'appréciation beaucoup plus rapide que le bitcoin et d'autres pièces de tête établies, qui ont déjà connu une forte appréciation de leur valeur.

Critères de sélection des pièces

Ne vous lancez jamais aveuglément dans une pièce. Dans les chapitres 11 et 13, nous discutons de divers critères de sélection de pièces qui peuvent vous aider à évaluer rapidement le potentiel (à long terme) d'une pièce.

Objectifs de ROI

Le trading réussi a beaucoup à voir avec la discipline, l'endurance et la résistance au stress. La fixation d'objectifs d'investissement est l'un des meilleurs moyens d'évaluer votre succès en matière de trading, ce qui peut vous apporter une tranquillité d'esprit à long terme.

Les objectifs d'investissement peuvent vous aider à évaluer si un trade vaut la peine d'être entrepris et peuvent vous empêcher de prendre des bénéfices trop rapidement. Ils vous encourageront également à surveiller la rentabilité des trades en cours. Après tout, on ne peut dépenser un dollar qu'une fois, et le capital immobilisé dans un trade sous-performant pourrait offrir de meilleurs rendements ailleurs.

Vous pouvez fixer des objectifs d'investissement par classe d'actifs — crypto, forex, actions, matières premières, etc. — et par période — hebdomadaire, mensuelle, annuelle. Ne vous arrachez pas immédiatement les cheveux si vous n'atteignez pas vos objectifs : ce sont des lignes directrices, pas des échéances immuables. Ajustez vos objectifs si vous les manquez ou les dépassez structurellement.

Moments d'évaluation

Les traders expérimentés tiennent souvent des registres méticuleux de leurs trades, que ce soit dans un tableur ou simplement sur papier, en notant la date, la taille de la position, le prix d'ouverture et le prix de clôture pour chaque trade.

Il est judicieux d'analyser vos trades à la fin de chaque mois. Avez-vous exécuté tous vos trades conformément à votre plan de trading ou avez-vous pris des profits trop tôt et des pertes trop tard ? Y a-t-il un schéma discernable dans vos meilleurs et vos pires trades ? Comment pouvez-vous utiliser ces connaissances pour améliorer vos trades ?

Un bon trading consiste à reproduire des trades réussis et à éviter de commettre les mêmes erreurs.

Si vous remarquez que, malgré tout, vous avez encore du mal à respecter votre propre système, envisagez de faire évaluer vos trades par un autre trader. Savoir qu'une autre personne évaluera vos trades peut également vous aider à mieux respecter vos propres règles.

Il est toujours bon de faire une analyse précise des résultats. Cela pourrait vous aider à découvrir des schémas dans vos trades perdants ainsi que dans vos plus rentables. Restez critique envers vos stratégies et pratiques de trading et continuez à vous améliorer, ainsi que votre plan de trading.

23

La psychologie du trading

Trader n'est pas difficile. Vous achetez des actifs avec potentiel, vendez une partie (ou la totalité) de votre position lorsque votre prix cible est atteint, puis achetez d'autres actifs avec potentiel et vendez une partie (ou la totalité) de cette position lorsque votre prix cible est atteint, etc. Évidemment, nous simplifions les choses ici, mais c'est essentiellement ça le trading.

La raison pour laquelle de nombreux traders débutants perdent souvent de l'argent n'est pas parce qu'ils ne connaissent pas l'essence du trading rentable ou dans quelles cryptomonnaies ils devraient ou ne devraient pas investir, mais parce qu'ils ne se donnent pas l'opportunité d'être rentables.

Un trader est souvent son propre ennemi (et le pire). L'esprit conseille patience, prudence, persévérance, suivi du plan de trading, mais l'ego et les émotions interfèrent. Nous en sommes tous affectés d'une manière ou d'une autre. La clé est de reconnaître et d'admettre vos points aveugles émotionnels afin de pouvoir les contrer.

Au final, une seule personne est responsable de vos résultats de trading : vous. Ce ne sont ni les marchés, ni les amis qui donnent toutes sortes de conseils bien intentionnés, ni les gourous et influenceurs de cryptos qui poussent à investir dans toutes sortes de cryptomonnaies parce que vous « devez les avoir avant qu'il ne soit trop tard ». C'est vous.

Pour trader avec succès, il faut avoir le bon état d'esprit. Et le bon état d'esprit a tout à voir avec l'apprentissage de la maîtrise de vos émotions.

Les traders qui se basent sur leurs émotions perdent presque toujours à long terme. Peu importe à quel point votre plan de trading, gestion de l'argent et stratégie de trading sont solides, si vous tradez en vous basant sur la peur, l'espoir, l'impatience ou une confiance (mal placée) en vos instincts de trading, neuf fois sur dix, vous finirez encore du côté perdant.

La peur

Ne sous-estimez jamais le pouvoir de la peur pour influencer vos décisions de trading. Cela peut se produire de nombreuses manières différentes :

1. *La peur de manquer le « mouvement », aussi connue sous le nom de FOMO, Fear Of Missing Out.* La plupart des traders qui viennent d'ouvrir un compte sur une plateforme d'échange de cryptos veulent commencer à trader immédiatement. Ils ont l'impression d'avoir déjà trop attendu, d'être déjà en retard à la fête ; ils doivent investir maintenant, maintenant, maintenant. Bien que cela soit compréhensible, il est souvent plus judicieux de choisir un moment d'entrée qui est inférieur au prix du marché actuel. Car tout comme les actions, les cryptos sont soumises à des fluctuations — en fait, la volatilité des prix des cryptos est bien plus importante que celle de la plupart des prix des actions — et si vous pouvez investir lors d'une baisse, vous partirez d'une position bien plus forte.

2. *La peur de perdre des bénéfices non réalisés.* De nombreux traders craignent de perdre des bénéfices non réalisés. Après tout, ce sont des bénéfices que vous auriez pu prendre. C'est un peu comme perdre une course juste avant d'atteindre la ligne d'arrivée. Les traders débutants sortent donc souvent trop tôt et passent à côté. C'est également compréhensible. Parfois, vous

auriez effectivement pu gagner plus en prenant des bénéfices plus tôt. Il peut même arriver qu'une transaction temporairement rentable finisse par être arrêtée avec une perte. Mais vous ne devriez pas juger votre système de trading sur une ou deux transactions qui ont été rentables pendant une courte période mais qui se sont finalement avérées perdantes. Si vous avez l'habitude de fermer des transactions prématurément, vous pourriez réaliser un bénéfice de 10% sur quelques positions qui se seraient avérées perdantes si vous les aviez laissées ouvertes, mais vous passeriez probablement à côté de beaucoup plus de transactions qui vous auraient rapporté un bien plus grand bénéfice si vous aviez persévéré.

3. *La peur de subir une perte.* Cela est lié à la peur précédente. L'idée ici est que tant que vous ne réalisez pas de perte, elle n'est pas « réelle », car la transaction pourrait encore s'inverser et devenir gagnante. C'est vrai, mais le prix pourrait aussi continuer à chuter, rendant votre perte de plus en plus grande. Subir des pertes fait partie du trading. Aucun trader n'a que des gains. Il est préférable d'augmenter une position rentable plutôt que de continuer à investir de l'argent dans une position perdante.

4. *La peur de perdre trop d'argent.* Les traders ont parfois peur qu'au moment où ils commencent à prendre une position, quelque chose de terrible se produise et qu'ils perdent beaucoup d'argent très rapidement. La peur de perdre de l'argent est souvent plus forte que l'espoir d'un gain et nous la gérons aussi différemment. C'est ce qu'on appelle *l'aversion pour la perte.*

Pour illustrer le dernier point, considérez les deux scénarios ci-dessous : l'un dans lequel vous pouvez gagner de l'argent et l'autre où vous devez payer de l'argent.

Scénario 1 : Supposons que vous ayez le choix entre deux possibilités pour gagner de l'argent :

A) 80% de chances de gagner 4000 € et 20% de chances de gagner 0 €.

B) recevoir 3000 € garantis.

Scénario 2 : Supposons que vous ayez le choix entre deux opportunités pour dépenser de l'argent :

C) 80% de chances de payer 4000 € et 20% de chances de payer 0 €.

D) payer 3000 € garantis.

Dans le scénario 1, la plupart des gens choisissent l'option B, qui est moins risquée, même si le profit attendu est de 200 € supérieur avec l'option A. Dans le scénario 2, cependant, presque tout le monde choisit l'option C, l'option à risque, même si la perte moyenne est de 200 € supérieure à celle de l'option D.

L'aversion pour la perte conduit donc à des décisions sous-optimales. C'est parce que, émotionnellement, la perte a un poids plus important que le profit.

L'aversion pour la perte peut pousser un trader à conserver des cryptomonnaies perdantes. De nombreux traders ont du mal à admettre, à eux-mêmes et au monde extérieur, qu'ils ont subi des pertes, qu'ils ont eu tort. Les traders novices vendent donc souvent leurs cryptomonnaies rentables trop rapidement pour simplement marquer un gain, tout en conservant leurs cryptomonnaies perdantes trop longtemps pour éviter d'avoir à réaliser une perte.

Confiance mal placée

Les traders débutants qui ont gagné beaucoup d'argent sur leurs premières transactions ont souvent tendance à se surestimer. Ils pensent avoir le don de Dieu pour le trading et que chaque transaction qu'ils ouvrent sera gagnante, instaurant un état d'esprit dangereux qui conduit souvent à trader sur un coup de tête, à prendre des trades de plus en plus risqués et à avoir des (ou encore plus de) difficultés à lâcher les trades perdants.

Si cela vous parle, notre conseil serait de revenir à votre plan de trading et de vous forcer à respecter vos règles de gestion d'argent (voir Chapitre 22).

Quand tout va mal

Face à une série de trades perdants, on peut parfois se désillusionner. Tout ce que vous faites semble voué à l'échec. Vous commencez à perdre confiance et à remettre en question chaque décision de trading que vous prenez, ce qui vous amène à sortir trop tôt des trades rentables, par peur de voir vos profits s'évaporer à nouveau, et à sortir de petits trades perdants par peur que les pertes augmentent. Un moment, vous ouvrez des positions trop petites par peur de perdre de l'argent, le moment suivant, vous ouvrez des positions trop grandes pour compenser les pertes antérieures.

Quand vous êtes dans un état d'esprit négatif comme celui-ci, il est préférable de faire une pause et d'arrêter de trader pendant un moment. Allez faire de l'exercice, lisez un livre, regardez en rafale des émissions sur Netflix, et laissez les marchés à eux-mêmes pendant un moment.

Ce qui pourrait aussi aider, c'est de revenir aux bases. Évaluez votre plan de trading, votre stratégie de trading, vos sélections de cryptomonnaies, vos trades. Où cela a-t-il mal tourné ? Auriez-vous pu prévenir certaines des pertes encourues ? Étaient-elles dues au non-respect de votre propre système, par exemple, ou étaient-elles le résultat de facteurs externes sur lesquels vous ne pouviez pas avoir beaucoup d'influence ?

Peut-être que vos règles de trading ne fonctionnent plus sur le marché actuel. Peut-être vous faites-vous stopper parce que le marché est devenu plus volatil, ou peut-être n'atteignez-vous plus vos objectifs de profit parce que le marché a commencé à évoluer latéralement. Peut-être découvrez-vous qu'un nombre disproportionné de vos trades perdants se produisent sur un cadre temporel spécifique (intra-jour, par exemple). Devenir un meilleur trader ne concerne pas seulement le contrôle de vos émotions, mais aussi l'apprentissage de vos erreurs et l'adaptation aux circonstances changeantes.

Un esprit clair est l'une des conditions les plus cruciales pour le trading réussi. Le trading réussi nécessite de la concentration et toute distraction peut affecter vos décisions d'investissement. Par conséquent, si vous constatez que vous avez perdu votre concentration, que ce soit à cause de problèmes personnels, de stress ou pour une autre raison, il vaut mieux ne pas trader pendant un moment.

Toujours être honnête avec soi-même. Si vous remarquez que vous surestimez vos capacités de trading et que vous vous persuadez souvent de prendre des risques parce que votre « intuition » vous le dit, reconnaissez cela et faites particulièrement attention à respecter votre méthode.

Regardez le marché de la manière la plus objective possible et effectuez une analyse honnête et neutre. Si vous concluez que votre position n'est plus valide dans l'environnement de marché actuel, fermez-la. L'espoir n'est pas une bonne base pour une stratégie de trading, pas plus que de tomber amoureux d'une cryptomonnaie.

La cupidité, la peur, l'espoir, la paresse, la colère, l'insécurité, tous ces facteurs peuvent influencer négativement un trader de plusieurs façons. Cela coûte non seulement beaucoup d'énergie négative, mais vous empêche aussi de trader avec succès.

Acceptez votre propre responsabilité

Certains traders ont tendance à penser que le marché cherche à les « avoir ». C'est une position perdante. Plus tôt vous assumerez la responsabilité de vos décisions de trading, mieux ce sera. Ne vous transformez pas en victime.

Si vous vous retrouvez dans une série de pertes - et cela arrive à tous, tôt ou tard - prenez une pause et essayez de comprendre ce qui en est la cause. Évaluez votre plan de trading, ajustez peut-être votre stratégie, la gestion de votre argent, le processus de sélection de cryptomonnaie. Mais ne blâmez jamais le marché.

Le trading de cryptomonnaies comporte des risques (considérables). Si vous ne pouvez pas accepter qu'un trade prometteur puisse parfois partir complètement à la dérive parce qu'Elon Musk publie un autre tweet ou qu'un gouvernement propose une nouvelle loi anti-crypto, vous feriez probablement mieux de placer votre argent dans des obligations d'État ou un compte d'épargne à faible rendement. Le trading de cryptos n'est pas pour les âmes sensibles.

24

Les dix erreurs les plus importantes commises par les débutants en trading

Nous faisons tous des erreurs. Dans une certaine mesure, cela fait partie du processus d'apprentissage et est donc inévitable, mais cela ne signifie pas que vous ne pouvez pas bénéficier de la connaissance de certaines des erreurs les plus courantes commises par les traders débutants. Dans ce chapitre, nous souhaitons donc partager certains de ces pièges de trading, afin que vous puissiez éviter de tomber dedans vous-même.

1 Ne tradez pas contre la tendance

La tendance est votre amie, comme le dit le proverbe. Pourtant, de nombreux traders sont souvent tentés de trader contre la tendance en pensant que le prix a déjà tellement monté/chuté qu'il devrait bientôt s'inverser.

Mais les tendances peuvent rester en place très longtemps, et si vous continuez à vendre une tendance à la hausse ou à acheter une tendance à la baisse, vous risquez de jeter de l'argent après de mauvaises décisions. Ne tombez pas dans ce piège.

Trader contre la tendance est souvent une proposition perdante. Non seulement votre argent est bloqué (et dans un trade perdant), mais vous pourriez aussi devoir attendre longtemps avant de simplement atteindre le seuil de rentabilité si vous sortez du tout, car parfois, les cryptos tombent à zéro et deviennent de facto des monnaies mortes, similaires aux actions à très petit prix.

2 Ne devenez pas un « détenteur de sacs »

Un « détenteur de sacs » est un investisseur qui garde une position ouverte quelles que soient les performances de l'actif. Même si la valeur de l'actif chute vers 0, le détenteur reste en place.

Dans le monde des cryptos, le terme est souvent utilisé en relation avec les schémas dits de « pump and dump » (pompage et vidage) . Des pièces relativement obscures ou nouvelles sont d'abord gonflées par un petit nombre de joueurs qui possèdent beaucoup de pièces, afin d'attirer des acheteurs. Ces gros joueurs vendent ensuite leurs pièces au prix le plus élevé et laissent les nouveaux acheteurs avec un sac plein de pièces sans valeur.

Vous devriez donc éviter les pièces nouvelles et obscures dont les fondateurs et/ou la valeur ajoutée sont inconnus. De plus, décidez toujours à l'avance à quel moment vous allez accepter une perte et fermer la position. Il n'y a aucune raison de suivre une pièce jusqu'au fond. Parfois, une pièce ne répond tout simplement pas à ses attentes. Acceptez-le.

3 Concentrez-vous

Ne faites pas de trade rapide pendant que vous êtes en attente au téléphone ou pendant une scène ennuyeuse d'un film. Le trading de cryptos est suffisamment difficile et nécessite de la concentration.

Trader rapidement « sur le pouce » augmente la chance de faire des erreurs qui pourraient vous coûter cher par la suite—comme entrer un mauvais prix ou une mauvaise quantité lors de l'ouverture d'un ordre, ou fermer impulsivement quelques trades qui ont fait de petits bénéfices ou subi des pertes modestes.

Vous n'avez vraiment pas besoin de garder un œil sur le marché des cryptos 24/7, mais chaque fois que vous faites un trade, vous devriez lui accorder toute votre attention.

4 Ne suivez pas aveuglément les conseils des autres

Les traders de crypto novices sont souvent tentés de suivre aveuglément une certaine « stratégie incroyable » sans savoir ce qui rend cette stratégie si « incroyable » ; ou d'investir dans une pièce parce qu'un soi-disant « expert » en cryptos dit que la pièce est sur le point d'exploser. Ne soyez pas ce trader.

Cela ne signifie pas que vous devez réinventer la roue. Par exemple, un coach de trading personnel pourrait vous aider à améliorer vos compétences en trading, en pointant des risques et des erreurs que vous n'auriez peut-être pas remarqués vous-même.

Nous sommes plus préoccupés par les gars qui promeuvent des pièces obscures à tout va sur Reddit et téléchargent des vidéos YouTube élégantes louant toutes sortes de pièces et de stratégies et racontant comment ils ont transformé 100 $ en 10 000 $. Les seuls raccourcis vers la richesse que ces gars proposent sont vers leur propre richesse—et avec votre argent.

5 Méfiez-vous de la suractivité

C'est une fausse idée de penser que vous ne pouvez gagner de l'argent qu'en tradant autant que possible. Bien sûr, il est tentant de faire de nombreux trades à court terme car le marché des cryptos est très volatil, mais parfois vous manquez le plus gros mouvement en faisant cela.

Cela ne veut pas dire que vous ne devriez pas trader à court terme, mais vous ne devriez certainement pas perdre de vue le long terme non plus.

Surtout dans un marché haussier, il est conseillé de garder au moins certaines positions ouvertes plus longtemps pour bénéficier du marché en tendance à la hausse.

Ces dernières années, nous avons souvent vu une pièce monter en flèche après qu'elle a été échangée latéralement pendant un moment. Si vous vendez une pièce parce qu'elle a déjà augmenté de 30%, vous vous donnerez des claques plus tard si la pièce monte encore de 300%. C'est pourquoi, comme nous l'avons souligné plus tôt, nous vendons rarement notre position entière lorsque nous avons atteint notre objectif de profit.

6 Ne fermez jamais complètement une position rentable

Un autre dicton de trading bien connu dit : personne ne s'est jamais appauvri en prenant des bénéfices. C'est vrai, bien sûr, mais pourquoi fermer toute la position ? Encore une fois, gardez toujours une petite portion de votre position ouverte afin qu'elle puisse continuer à rapporter.

7 Ne pensez pas que vous avez inventé la roue

Certains traders débutants commencent leur carrière sous une bonne étoile. Sans aucune gestion d'argent ou stratégie de trading claire, ils ouvrent des positions à gauche et à droite, toutes profitables. Si c'est votre cas, on pourrait vous pardonner de penser que vous êtes le meilleur trader de cryptos qui n'ait jamais existé, un génie financier parmi les simples mortels.

Mais bien sûr, vous ne l'êtes pas.

Il n'existe pas de trader sans trades perdants, pas de stratégie infaillible, pas de talent naturel qui vous empêchera de faire des trades perdants. Plus tôt vous vous en rendrez compte, mieux ce sera.

Donc : apprenez à travailler avec des stratégies existantes et suivez les mêmes règles de trading que les traders expérimentés suivent également. Vous n'avez pas besoin d'être un prodige financier, juste d'être rentable.

8 N'essayez pas de déjouer le marché

Le célèbre économiste John Maynard Keynes a dit un jour : « Le marché boursier peut rester irrationnel plus longtemps que vous ne pouvez rester solvable. » La même chose est vraie pour le marché de la crypto.

En tant qu'investisseur, vous devez avoir une vision, une raison pour laquelle vous investissez dans une cryptomonnaie ou une action. Mais cette vision n'est pas une licence pour obstinément s'accrocher à un trade qui ne va tout simplement pas dans votre sens. Vous pouvez continuer à penser que le marché a tort et que la pièce doit vraiment augmenter, mais ce n'est pas ainsi que le monde fonctionne.

Si une position continue de bouger dans la mauvaise direction, il est généralement peu judicieux de rester dans cette position, et encore moins d'augmenter votre exposition. Pour éviter que vos pertes ne s'accumulent trop, il est souvent préférable de subir votre perte à un point prédéterminé (le stop loss).

Vous pouvez penser que le prix devrait être beaucoup plus élevé, et peut-être qu'il devrait l'être, mais ce n'est pas le cas. À la fin, le marché a toujours raison - même quand il a tort. Votre opinion est sans importance. Il ne s'agit pas d'avoir raison, il s'agit de gagner de l'argent.

9 Ne soyez jamais trop attaché à une position

Si vous avez un attachement émotionnel excessif à une position, votre perception devient brouillée. Cela pourrait entraver votre capacité à voir les signaux d'alerte et à fermer une position à temps.

Par conséquent, veillez à ne pas être trop attaché à une position et gardez à l'esprit que vous n'avez acheté la cryptomonnaie que pour une seule raison : réaliser un bénéfice.

10 Il n'y a pas de Saint Graal

Dans la quête de rendements spectaculaires, les investisseurs débutants espèrent souvent trouver une sorte de stratégie de trading secrète qui les rendra incroyablement riches très rapidement. Permettez-nous de vous dissuader immédiatement de cette idée.

Il n'y a pas de stratégies de trading secrètes, pas de raccourcis. Le Saint Graal n'existe pas.

Le seul Saint Graal que vous pouvez espérer trouver est le vôtre ; en d'autres termes, une stratégie de trading qui fonctionne pour vous et vous permet de trader de manière rentable et de manière structurelle. Ce livre vise à vous aider à faire exactement cela. Vous aussi, vous pouvez devenir un trader de cryptomonnaie prospère, mais cela demandera du dévouement, de la patience et de la discipline.

25

Les dix conseils de trading les plus importants

Dans ce chapitre, nous réitérons brièvement les conseils de trading les plus importants que nous avons mentionnés tout au long du livre. C'est parce que suivre ces règles de base vous permettra non seulement de gagner beaucoup d'argent mais aussi - et c'est tout aussi important - d'en économiser beaucoup.

Alors, voici :

1 Ne jamais trader avec de l'argent que vous ne pouvez pas vous permettre de perdre

C'est l'une des erreurs les plus courantes commises par les investisseurs novices : trader avec de l'argent dont vous pourriez avoir besoin en cas d'imprévus ; ou - encore plus dangereux - trader avec de l'argent emprunté.

Lorsque vous tradez avec de l'argent dont vous pourriez avoir besoin prochainement, vous risquez de devoir liquider certains de vos investissements à un moment défavorable. Et les marchés de la crypto sont notoirement volatils. Il peut facilement arriver que les cryptos dans lesquelles vous avez investi chutent de 30-40% en quelques semaines, voire en quelques jours, puis stagnent pendant des mois. Assurez-vous donc de ne pas vous mettre dans une situation où vous pourriez être contraint de vendre pendant une période de correction.

2 Ne jamais trader sous le coup de l'émotion

Les émotions sont de mauvaises conseillères. Elles vous font investir dans des cryptos obscures qui sont gonflées sur des forums Reddit et par des gourous autoproclamés de la crypto ; elles vous font faire trop peu de recherches ; prendre des positions trop importantes ; entrer trop tard et sortir trop tôt.

Une grande partie de votre succès en tant que trader dépend de votre capacité à maîtriser vos émotions. Par conséquent, respectez toujours votre plan de trading.

3 Échangez avec un plan

Pour respecter votre plan de trading, vous devez bien sûr d'abord avoir un plan de trading. Comme nous l'avons discuté dans le chapitre 22, votre plan de trading formule les conditions sous lesquelles vous entrerez et sortirez du marché, quelles stratégies de trading vous utiliserez, la taille de vos positions, à quelle fréquence vous analyserez vos résultats, etc. C'est essentiellement votre propre méthode de trading personnelle.

Il n'y a pas de plan de trading optimal unique. Votre plan de trading idéal dépend d'une combinaison de facteurs, tels que le temps dont vous disposez pour trader, le risque que vous êtes prêt à prendre, la taille de votre capital d'investissement, etc. Il est important d'y réfléchir à l'avance afin d'avoir une méthode sur laquelle vous appuyer et de pouvoir plus facilement maîtriser vos émotions. Respecter votre plan de trading n'est pas toujours facile, mais assurez-vous au moins d'en avoir un.

4 Ne jamais entrer dans une cryptomonnaie sans raison

Les traders novices sont souvent tentés d'acheter des monnaies recommandées par d'autres. C'est compréhensible. Lorsqu'un trader (en apparence) expérimenté dit qu'une certaine monnaie est sur le point « d'exploser », vous ne voulez naturellement pas rater l'opportunité. Pourtant, vous devriez résister à la tentation de sauter dedans immédiatement.

Si vous tradez souvent sur les conseils des autres au lieu de faire vos propres recherches, vous n'apprendrez jamais à acquérir par vous-même une connaissance utile du marché. De plus, outre le fait que les conseils de ces autres traders pourraient ne pas être bons, vous serez dans la cryptomonnaie pour la mauvaise raison - parce que quelqu'un d'autre l'a recommandée - ce qui augmente les chances de mal gérer le trade.

Il n'y a rien de mal à suivre les conseils des traders professionnels en soi, tant que vous vous assurez que : 1) ces professionnels savent vraiment ce qu'ils font, et 2) vous faites également vos propres recherches.

5 Utilisez des configurations simples

Certains traders utilisent dix ou plusieurs indicateurs techniques différents pour déterminer quand entrer et sortir d'un échange. Ils tracent des lignes Fibonacci, des lignes de support et de résistance droites et inclinées, des lignes MACD, des lignes SMA, des lignes de croisement, étudient des motifs graphiques, des motifs diagonaux, testent des robots de trading et tout ce à quoi ils peuvent penser. Bien sûr que c'est bien, mais à un moment donné, vous êtes tellement occupé à chercher l'échange parfait que vous n'en ouvrirez jamais réellement un.

D'autres traders ne pensent pas du tout aux points d'entrée et de sortie et plongent simplement quand ils en ont envie. Inutile de dire que ce n'est pas la meilleure marche à suivre non plus. La vérité, comme le dit le vieil adage, se situe quelque part au milieu.

Utilisez des configurations simples - basées sur des lignes de support et de résistance horizontales, par exemple - des objectifs de prix fixes et des tailles de position fixes. Gardez cela simple et intelligent.

6 Répartissez vos risques

Même si vous êtes un grand fan de Bitcoin, il est judicieux de diversifier votre risque sur plusieurs cryptos. Car que se passerait-il si, à mesure que l'univers crypto mûrit, le bitcoin commençait à perdre sa pertinence par rapport aux cryptos qui ont une meilleure utilité, comme ether, polygon et polkadot, pour n'en nommer que quelques-uns ?

Bien sûr, la même chose est vraie pour d'autres cryptos. Ethereum, par exemple, est peut-être actuellement la plateforme blockchain dominante pour les applications décentralisées (DApps), mais qui peut dire que cela ne changera pas à l'avenir ? Polkadot, EOS et Cardano sont tous désireux de prendre des parts de marché à Ethereum. Il reste à voir si l'une ou plusieurs de ces cryptomonnaies se développeront réellement en « tueurs d'ethereum », mais cela n'est certainement pas impossible.

Alors ne mettez pas tous vos œufs cryptos dans le même panier, mais diversifiez votre risque sur différents cryptos concurrents et différentes industries crypto, comme la DeFi, le gaming, les « pures » cryptomonnaies, etc.

7 Soyez patient

Le marché ne bouge pas à votre guise. Si vous avez pris une position basée sur une configuration solide, ne soyez pas impatient si elle ne va pas immédiatement dans votre sens.

Bien sûr, c'est agaçant si une position vous est défavorable dès le départ, mais cela ne signifie pas que votre configuration est incorrecte. Donnez à votre échange la place de bouger et ne l'interrompez pas trop tôt.

8 Réduisez vos pertes, laissez courir vos profits

C'est l'une des règles d'or les plus connues des investisseurs. Mais bien que sa logique soit facile à reconnaître, les traders débutants trouvent souvent difficile de la suivre en pratique, car des émotions fortes peuvent intervenir lorsqu'une transaction commence à perdre des gains non réalisés ou à plonger de plus en plus dans le rouge.

Lorsqu'une transaction tourne mal, la réaction naturelle de nombreux traders est de ne rien faire ou même d'augmenter la position (car tant que vous êtes dans la transaction, la perte n'est pas encore « réelle »). Parfois, augmenter une position perdante est vraiment la meilleure stratégie. Si vous croyez vraiment en un actif, il peut être judicieux d'augmenter votre position lorsque le prix baisse, réduisant ainsi votre prix d'achat moyen.

Cependant, le plus souvent, les traders (en particulier les débutants) restent dans une position perdante par entêtement, refusant de subir une perte même quand il est évident que la transaction ne fonctionne pas. Dans ce cas, il vaut mieux simplement accepter la perte.

Inversement, les traders sont souvent tentés de clôturer une transaction profitable trop tôt car ils craignent que les profits ne s'évaporent. Ici, la peur et l'avidité se renforcent mutuellement et exercent une pression sur le trader pour prendre ce qui est sur la table avant qu'il ne soit trop tard. Après tout, rien n'est plus frustrant que de voir des gains non réalisés fondre comme neige au soleil.

Apprenez à résister à cette envie. C'est l'une des raisons pour lesquelles - à moins que vous ne soyez un HODLer - il est important de déterminer vos moments d'entrée et de sortie à l'avance.

9 Évaluez vos transactions

Une fois que vous aurez tradé pendant un certain temps, il est judicieux d'évaluer vos transactions. Cela peut vous aider à découvrir d'éventuels points faibles dans votre trading et/ou des tendances dans vos transactions réussies, vous permettant d'améliorer votre stratégie de trading.

Peut-être découvrirez-vous que vous fixez vos objectifs de profit trop loin ou, au contraire, que vous quittez une transaction trop rapidement. Il se peut que vous restiez trop longtemps dans une transaction perdante, ou que vous ayez tendance à ajouter à une position perdante. Étudiez vos plus grosses pertes, cherchez si vous pouvez limiter les dégâts d'une manière ou d'une autre. Peut-être tradez-vous trop de cryptos en même temps, rendant vos positions trop petites pour vraiment profiter des grands gagnants ; peut-être que votre système est trop prudent et que vous prenez trop peu de positions.

Il est toujours judicieux de regarder périodiquement en arrière vos transactions et de chercher des moyens d'améliorer votre système.

10 Restez informé

Le monde de la crypto évolue rapidement. Si vous ne restez pas informé de ce qui se passe, vous risquez de manquer des développements concernant les cryptos existantes ou l'introduction de nouvelles cryptos à fort potentiel.

Si vous ne savez rien sur les évolutions dans le monde de la DeFi, il est difficile de dire si une nouvelle crypto de DeFi apportera quelque chose à l'espace de DeFi; si vous ne savez rien sur les NFTs, vous ne pouvez pas prendre une décision éclairée sur le potentiel d'une nouvelle plateforme NFT; si vous ne connaissez rien aux DApps et aux différences entre les plateformes blockchain telles qu'Ethereum, EOS et Cardano, vous ne saurez pas si un nouvel acteur dans ce domaine pourrait éventuellement devenir un véritable « tueur d'Ethereum ».

En d'autres termes, si vous voulez trader activement sur le marché des cryptos, il est important d'être au courant de ce qui se passe sur le marché des cryptos.

Bien sûr, ces dix règles à elles seules ne feront pas de vous un trader à succès, mais les suivre réduira considérablement la chance que vous subissiez des pertes structurelles. Et ne pas perdre d'argent est le début de la création de richesse.

Partie VI

Quiz sur la crypto

Dans cette sixième et dernière section du livre, nous avons inclus un quiz de 50 questions pour vous aider à tester vos nouvelles connaissances. Les questions couvrent toutes les parties du livre et vont du ridiculement facile au sournoisement difficile.

Vous pouvez trouver les réponses du quiz à l'Annexe I et une explication détaillée des réponses à l'Annexe II.

Questions sur la partie I : Cours accéléré sur les cryptomonnaies

QUESTION 1 : Comment les cryptomonnaies se distinguent-elles des monnaies fiduciaires ?

A. Les monnaies fiduciaires sont (partiellement) adossées à l'or.

B. Les monnaies fiduciaires sont validées de manière décentralisée.

C. Les cryptomonnaies sont validées de manière décentralisée.

D. La valeur des cryptomonnaies n'est basée sur rien.

QUESTION 2 : Quel est l'élément innovant du bitcoin ?

A. C'est la première cryptomonnaie.

B. C'est la première cryptomonnaie où les transactions sont validées via un système de tiers de confiance.

C. C'est la première cryptomonnaie où les transactions sont validées par un réseau peer-to-peer sans confiance.

D. C'est la première monnaie numérique à être sécurisée cryptographiquement.

QUESTION 3 : Qu'est-ce que la blockchain ?

A. Une grande base de données publique, décentralisée et en ligne dans laquelle toutes les transactions et autres mutations sont conservées.

B. Un registre central dans lequel toutes les transactions et autres mutations sont conservées.

C. Une énorme chaîne métallique d'environ 3 mètres d'épaisseur et 1,6 km de long qui est utilisée pour verrouiller le bâtiment dans lequel toutes les transactions en bitcoins sont enregistrées.

D. Un autre mot pour smart contract.

QUESTION 4 : Toutes les nouvelles cryptomonnaies sont minées en trouvant un grand nombre aléatoire.

A. Vrai.

B. Faux.

QUESTION 5 : Quelle est la différence entre la preuve de travail (POW) et la preuve d'enjeu (POS) ?

A. A. La POW consomme plus d'énergie.

B. Avec la POS, on peut obtenir de nouvelles pièces qui ne sont pas minées.

C. Les pièces en POS sont moins susceptibles de subir une attaque de 51%.

D. Toutes les réponses ci-dessus sont vraies.

QUESTION 6 : Qu'est-ce qu'un hard fork ?

A. Un changement fondamental dans le protocole de la blockchain qui crée une nouvelle blockchain à côté de l'ancienne.

B. Une attaque sur une blockchain dans laquelle un groupe de mineurs contrôle plus de 50% de la puissance informatique collective, leur permettant de manipuler les transactions. Elle est également appelée attaque de 51%.

C. Un morceau de code de la blockchain qui ne peut pas être modifié, contrairement à un soft fork, qui est un code qui peut être facilement changé.

D. Une application de restaurant populaire similaire à Yelp.

QUESTION 7 : Qu'est-ce que le halving de bitcoin ?

A. La division cyclique par deux de la valeur du bitcoin qui se produit environ tous les trois ans, après quoi un nouveau marché haussier commence.

B. Un événement inscrit dans le code du bitcoin, revenant tous les quatre ans, dans lequel la récompense pour l'extraction d'un nouveau bloc est divisée par deux. Il est souvent accompagné d'une augmentation du prix du bitcoin.

C. Un événement gravé dans le code du bitcoin dans lequel le nombre de bitcoins est divisé par deux tous les 20 ans.

D. Aucune des réponses ci-dessus.

QUESTION 8 : Vrai ou faux :

A. Cardano est une pièce en preuve d'enjeu.

B. Binance est une stablecoin.

C. Polka dot est un concurrent d'Ethereum.

D. Tether est une stablecoin.

E. A, C, D.

QUESTION 9 : Qu'est-ce que la DeFi ?

A. Des services financiers facilités par des banques décentralisées dans des paradis fiscaux.

B. Des services financiers facilités de manière décentralisée via des contrats intelligents basés sur la technologie blockchain.

C. Des services financiers facilités de manière décentralisée via une banque centrale.

D. Des services financiers qui sont facilités de manière décentralisée.

QUESTION 10 : Qu'est-ce que les DApps ?

A. Des applications décentralisées, c'est-à-dire des applications qui peuvent fonctionner sur une blockchain.

B. Un surnom moqueur pour les adeptes de la DeFi. « Mon Dieu, ce type est vraiment un DApp ! »

C. Un autre nom pour les applications construites sur le réseau Ethereum.

D. Des applications décentralisées. Spécifiquement, des applications construites sur le réseau Ethereum.

QUESTION 11 : Qu'est-ce qu'un jeton ERC-20 ?

A. Une cryptomonnaie approuvée par la Commission européenne pour les cryptomonnaies (officiellement : jeton conforme à la réglementation européenne version 20 en vertu de la loi sur les cryptomonnaies de 2019).

B. Un jeton considéré comme la norme technique pour tous les contrats intelligents sur la blockchain Ethereum.

C. Un jeton développé par la DARPA pour l'armée américaine.

D. Le terme technique pour ether.

QUESTION 12 : Pourquoi certains initiés de la crypto insistent-ils sur le fait qu'une monnaie numérique de banque centrale (CBDC) ne peut jamais être une « vraie » cryptomonnaie ?

A. Parce que les transactions ne sont pas enregistrées sur une blockchain.

B. Parce qu'une CBDC est contrôlée de manière centralisée.

C. Parce que les transactions ne sont pas validées via des protocoles de preuve d'enjeu ou de preuve de travail.

D. Parce qu'une CBDC sera toujours liée à une monnaie fiduciaire.

QUESTION 13 : Qu'est-ce qu'un « hot wallet » ?

A. Un portefeuille crypto piraté qui est mis en vente.

B. Un portefeuille connecté à Internet.

C. Un portefeuille populaire.

D. Un portefeuille qu'il est pratiquement impossible de pirater.

QUESTION 14 : Lequel est le plus sécurisé : un portefeuille logiciel ou un portefeuille matériel ?

A. Un portefeuille logiciel ; plus sûr contre les pirates.

B. Un portefeuille matériel, car ils ne sont pas connectés à Internet et donc beaucoup plus difficiles à pirater.

C. Un portefeuille matériel, car vous pouvez les mettre dans un coffre-fort.

D. Impossible à dire. Cela dépend du portefeuille.

Questions sur la partie II : Comment échanger des cryptomonnaies

QUESTION 15 : Quelle est la différence entre les actions et les cryptos ?

A. Il n'y a aucune différence. Une action est un morceau d'une entreprise, une crypto est un morceau d'un projet crypto.

B. Posséder des cryptos ne fait généralement pas de vous un copropriétaire du projet crypto qui a émis la crypto.

C. Les prix des actions sont finalement basés sur la valeur sous-jacente de l'entreprise qui a émis les actions. Les prix des cryptos ne le sont pas.

D. Les actions versent des dividendes, les cryptos ne le font pas.

E. Toutes les réponses ci-dessus.

F. B, C et D.

QUESTION 16 : Si vous achetez 0,5 bitcoin auprès d'un courtier CFD, combien de bitcoin possédez-vous réellement ?

A. Impossible à dire. Cela dépend de l'effet de levier offert par le courtier CFD.

B. 0,5 bitcoin. Évident.

C. 0 bitcoin. Évident.

D. 0,25 bitcoin. Le courtier détient l'autre moitié en garantie.

QUESTION 17 : Quelle est la différence entre une option de vente (put) et une option d'achat (call) ?

A. Une option de vente est le droit de vendre un actif sous-jacent, une option d'achat est le droit d'acheter un actif sous-jacent.

B. Une option de vente est le droit d'acheter un actif sous-jacent, une option d'achat est le droit de vendre un actif sous-jacent.

QUESTION 18 : Qu'est-ce que le yield farming ?

A. Exploiter de petites différences de prix sur les échanges en achetant des cryptos sur un échange et en les vendant directement sur un autre.

B. Un autre mot pour le staking.

C. Un autre mot pour la culture de liquidité.

D. Louer vos cryptos en échange d'une récompense.

QUESTION 19 : Vrai ou faux : le staking, consiste à prêter des cryptos en échange d'une récompense.

A. Vrai.

B. Faux.

C. A et B.

QUESTION 20 : L'Awesome Super Coin (ASC) offre un APY de staking de 75%. Un ami à vous a déjà investi un quart de son capital d'investissement et dit que vous seriez vraiment un « Dapp » si vous ne le faisiez pas aussi. Cependant, la pièce n'a été lancée que la semaine dernière, et on ne sait pas qui est derrière. Que faites-vous ?

A. Vous investissez la moitié de votre capital d'investissement pour gagner encore plus que votre ami.

B. Vous investissez 5% de votre capital, même si vous craignez que ce soit une pièce « pump-and-dump » classique.

C. Rien.

QUESTION 21 : Quel est le plus grand risque dans le minage de liquidité ?

A. Que l'échange décentralisé où vous avez déposé vos cryptos s'enfuie avec vos cryptos.

B. Que le pool de liquidité où vous avez déposé vos cryptos soit piraté.

C. Qu'il n'y ait pas assez de liquidité pour couvrir les coûts.

D. Que vous subissiez une perte impermanente parce que la valeur des deux pièces que vous avez déposées commence à diverger.

QUESTION 22 : Lequel rapporte généralement le plus, le minage ou le staking ?

A. Le staking.

B. Le minage.

C. Les deux à peu près de la même manière.

D. Impossible à dire ; cela dépend de la pièce et de son système de récompense.

Questions sur la partie III : Outils essentiels pour le trading de crypto

QUESTION 23 : Qu'est-ce que l'analyse fondamentale ?

A. Il n'y a pas d'analyse fondamentale dans le trading de crypto.

B. Une analyse approfondie des fondements théoriques d'un actif ; dans le cas des cryptos : le code sous-jacent.

C. Étudier les facteurs externes qui influencent le prix d'un actif.

D. Analyser la crypto dans le but de trouver une réponse à l'une des questions les plus existentielles : La cupidité est-elle vraiment bénéfique ?

QUESTION 24 : Le PDG de Tesla et converti à la crypto, Elon Musk, tweete que les acheteurs de Tesla qui paient avec Dogecoin bénéficieront d'une réduction de 10% à partir de maintenant. Que faites-vous ?

A. Rien.

B. Vous prenez immédiatement une position sur Dogecoin et passez simultanément un ordre de vente à un gain de prix de 50%.

C. Vous achetez immédiatement deux Tesla (une pour la semaine et une pour le week-end).

D. Vous vendez immédiatement toutes vos actions Tesla.

QUESTION 25 : Vous venez de prendre une position HODL sur MATIC, une solution de couche 2 pour Ethereum. Son prix a récemment légèrement baissé, mais vous lisez maintenant sur CoinDesk que le TVL (valeur totale verrouillée) de MATIC a augmenté de 32% au cours des dernières 24 heures. Entre-temps, le prix de l'action MATIC a déjà augmenté de 10%. Que faites-vous ?

A. Vous vendez immédiatement tout votre MATIC avec un bénéfice de 10%. Qui est le roi de la crypto !?

B. Rien.

C. Vous augmentez votre position en MATIC.

D. Vous vendez tous vos autres actifs en cryptos et mettez tout sur MATIC.

QUESTION 26 : Qu'est-ce que l'analyse technique ?

A. L'étude des prix des actifs à l'aide d'indicateurs techniques.

B. L'étude prolongée d'un graphique jusqu'à en saisir l'essence.

C. Étudier les prix passés des actifs dans le but de prédire les prix futurs des actifs.

D. Un autre terme pour des balivernes.

QUESTION 27 : Vrai ou faux : les prix des actifs évoluent dans une tendance ou latéralement.

A. Vrai.

B. Pas vrai.

C. Pas entièrement vrai.

D. En grande partie vrai.

QUESTION 28 : Quel graphique donne le plus d'informations ?

A. Le graphique à barres.
B. Le graphique en chandeliers.
C. Le graphique linéaire.
D. Le graphique tout-en-un.

QUESTION 29 : Quelle est l'importance du volume de trading ?

A. Il peut vous informer sur la force d'un mouvement.
B. Le volume de trading est totalement sans importance.
C. Un volume de trading élevé indique que le prix va chuter.
D. Un volume de trading élevé indique que le prix va augmenter.

QUESTION 30 : Qu'est-ce que la divergence baissière dans l'Indicateur de Force Relative (RSI) ?

A. C'est lorsque le prix montre des sommets plus élevés tandis que le RSI montre des sommets plus bas. Cela indique que le prix pourrait baisser.
B. C'est lorsque le prix montre des sommets plus bas tandis que le RSI montre des sommets plus élevés.
C. Cela ne signifie rien. Le RSI montre toujours une divergence avec l'évolution du prix.
D. Cela signifie que le momentum du mouvement des prix s'intensifie et que le prix continuera probablement à augmenter.

QUESTION 31 : Quelle est la stratégie du SMA de serré à large (tight to wide) ?

A. Augmenter la plage d'entrée dans laquelle une position est prise.

B. Augmenter la plage de sortie dans laquelle une position est prise.

C. Prendre une position lorsque trois SMA de différentes périodes sont proches puis commencent à diverger.

D. Augmenter une position lorsque le SMA monte.

QUESTION 32 : Qu'est-ce que l'analyse on-chain ?

A. Analyser la blockchain Bitcoin pour obtenir des informations sur les mouvements de prix.

B. Analyser le code de la blockchain en cas de bugs ou de hacks.

C. Utiliser les données publiques de la blockchain pour obtenir des informations sur l'évolution prévue des prix.

D. Je passe.

QUESTION 33 : Les données du fournisseur d'analyse on-chain Glassnode montrent qu'un très grand nombre de bitcoins a été récemment transféré depuis des échanges de cryptos vers des stockages à froid. Qu'est-ce que cela signifie ?

A. Que l'offre de bitcoin diminue ; c'est une indication que le prix peut augmenter (davantage).

B. Rien. Il y a tellement de bitcoins qu'il y a toujours suffisamment d'offre.

C. Que l'intérêt pour le bitcoin diminue et que le prix pourrait commencer à baisser.

D. Que le prix du bitcoin augmentera presque certainement.

QUESTION 34 : Qu'est-ce que cela signifie lorsque le nombre d'adresses avec plus de 1 000 bitcoins augmente soudainement et rapidement ?

A. Que le prix du bitcoin a probablement chuté rapidement.

B. On ne peut pas voir combien de bitcoins appartiennent à une adresse particulière, tout comme on ne peut pas voir combien d'argent se trouve sur un compte bancaire.

C. Que le nombre d'investisseurs institutionnels augmente.

D. Cela signifie très peu car les adresses Bitcoin peuvent contenir des fonds en bitcoins de milliers d'investisseurs différents.

QUESTION 35 : Qu'est-ce que cela signifie lorsque l'offre illiquide d'ethereum chute soudainement de façon marquée ?

A. Cela signifie qu'une quantité importante d'ethereum qui n'a pas été échangée pendant longtemps est soudainement vendue. Cela peut indiquer que les HODLers ont décidé de réaliser (partiellement) des bénéfices.

B. Cela signifie que la quantité d'ethereum disponible diminue.

C. Cela signifie que de nombreuses baleines vendent leur ethereum.

D. Cela ne signifie pas grand-chose. La liquidité de l'ether est notoirement cyclique.

QUESTION 36 : Les niveaux de support et de résistance sont principalement :

A. Psychologiques.

B. De fausses informations. Il n'y a aucune preuve que les niveaux de support et de résistance existent vraiment.

C. Dérivables des données de la blockchain.

D. Aléatoires.

QUESTION 37 : Si le prix quotidien dépasse un niveau de résistance clé, cela est un signal que vous devriez :

A. Fermer votre position, car le prix va probablement chuter maintenant.

B. Prendre une position/augmenter une position existante.

C. Enfin acheter cette Lambo.

D. Vendre à découvert.

QUESTION 38 : Vrai ou faux : Si un niveau de prix est fermement rejeté — pensez, par exemple, à une bougie avec une très longue mèche — c'est un signal plus fort qu'une situation où le prix évolue autour d'un certain niveau de prix pendant une période plus longue.

A. Vrai.

B. Faux.

QUESTION 39 : Vrai ou faux : Plus un support ou une résistance est respecté, plus il devient important.

A. Vrai.

B. Faux.

QUESTION 40 : Comment s’appelle ce modèle de prix et qu’est-ce qu’il signifie ?

A. J’ai peur d’être éliminé si je donne la bonne réponse.

B. C’est le modèle Coup de Grâce. Cela signifie que le prix va probablement chuter bientôt.

C. C’est le modèle Double Bottom. Cela signifie que le prix va probablement augmenter bientôt.

D. Ce n’est pas un modèle de prix mais une œuvre du célèbre artiste abstrait Ernst von Rothko zu Grunwold.

QUESTION 41 : Et quel est le nom de ce modèle ? Et que signifie-t-il ?

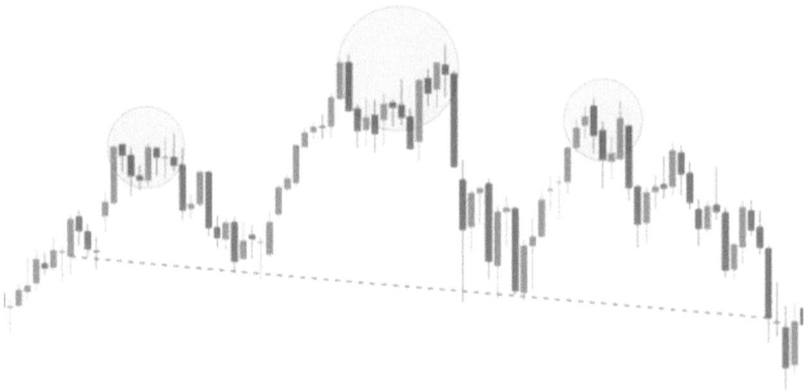

A. Ah, une autre œuvre d'Ernst von Rothko zu Grunwold, l'une de ses meilleures, vraiment. Cet artiste est mort bien trop jeune.

B. C'est le modèle Tête-épaules. Les taureaux ont d'abord atteint un nouveau sommet, mais n'ont pas réussi à augmenter davantage le prix après cela. Et maintenant que la ligne de cou est franchie, il y a de fortes chances que le prix continue de baisser.

C. C'est le modèle des Trois-Hauts. Il y a de bonnes chances que les taureaux poussent le prix à un quatrième sommet.

D. C'est un modèle de Triple-Bottom-Inversé (à ne pas confondre avec le modèle Tête-épaules, qui est très similaire). Il y a de bonnes chances que le prix continue de se déplacer autour de la ligne de cou pour un avenir prévisible.

QUESTION 42 : Quel est le facteur important dans la probabilité de réussite d'un breakout ?

A. Le volume de trading.

B. Le timing.

C. La durée pendant laquelle le prix s'est déplacé dans un modèle avant le breakout.

D. A et C.

QUESTION 43 : Qu'est-ce qu'un fakeout ?

A. Un terme péjoratif pour un trader de crypto qui vend toutes ses cryptos dès que le prix baisse un peu. « C'est vraiment un fakeout. »

B. Une fausse cassure.

C. Un terme factice.

D. Le moment où une pièce pump-and-dump s'effondre.

Questions sur la Partie IV : Stratégies de trading populaires

QUESTION 44 : Quelle est la stratégie de la moyenne des coûts en dollars ?

A. Répartir votre portefeuille de cryptos de manière égale entre différentes cryptos.

B. Construire votre portefeuille de cryptos progressivement en achetant des actifs sur plusieurs périodes afin de réduire l'impact de la volatilité.

C. Acheter chaque mois un panier de cryptos équivalent à la dévaluation monétaire de vos économies due à l'inflation. (Par exemple, si vous avez 25 000 $ d'économies et que le taux d'inflation annuel est de 2%, vous achèteriez pour 500 $ de cryptos cette année.)

D. Un indice d'inflation. Rien à voir avec l'investissement.

QUESTION 45 : Quelle est la stratégie HODL ?

A. Acheter une pièce et ne jamais la revendre.

B. Conserver une pièce pendant une période prolongée.

C. Vendre une pièce pour le double du prix.

D. Augmenter progressivement une position dans un marché en tendance, souvent en trois parties.

QUESTION 46 : Vous pouvez utiliser des options pour :

A. Spéculer sur les hausses et les baisses des prix.

B. Protéger des positions contre la baisse des prix.

C. Acheter un actif à un « prix réduit. »

D. Toutes les réponses ci-dessus.

Questions sur la Partie V : Comment devenir un trader de crypto réussi

QUESTION 47 : Quelle est la principale cause de perte chez les traders débutants ?

A. Des positions trop importantes.

B. L'émotion.

C. Trader les mauvaises pièces.

D. Pas assez de capital de départ.

QUESTION 48 : Qu'est-ce qu'un ordre limite ?

A. Un ordre d'achat ou de vente d'un titre à un prix spécifique ou meilleur.

B. Un ordre dans lequel vous spécifiez le montant minimum ou maximum que vous êtes prêt à investir.

C. Un ordre d'achat d'un titre à un prix spécifique ou meilleur.

D. A et B.

QUESTION 49 : Que ne devriez-vous jamais faire ?

A. Trader des cryptomonnaies.

B. Trader avec de l'argent que vous ne pouvez pas vous permettre de perdre.

C. Remplir entièrement votre portefeuille d'investissement avec des cryptos.

D. Refuser une offre d'achat d'un véritable Ernst von Rothko zu Grunwold pour une fraction de sa valeur réelle.

E. Toutes les réponses ci-dessus sont vraies.

F. B et C.

QUESTION 50 : Une vieille sagesse de Wall Street dit de limiter vos pertes...

A. ...et vos profits encore plus.

B. ...et de toujours acheter àla baisse.

C. ...et de laisser courir vos profits courir.

D. ...et de ne jamais acheter à la baisse.

Annexe I

Réponses du quiz

1. C
2. C
3. A
4. B
5. D
6. A
7. B
8. E
9. B
10. A
11. B
12. B
13. B
14. B
15. F
16. C
17. A
18. D
19. B
20. C
21. D
22. D
23. C
24. B
25. C
26. C
27. A
28. B
29. A
30. A
31. C
32. C
33. A
34. C
35. A
36. A
37. B
38. A
39. A
40. C
41. B
42. D
43. B
44. B
45. B
46. D
47. B
48. A
49. F
50. C

Annexe II

Explication des réponses du quiz

Questions sur la partie I : Cours accéléré sur les cryptomonnaies

QUESTION 1 : Comment les cryptomonnaies diffèrent-elles des monnaies fiduciaires ?

A. *Les monnaies fiduciaires sont (partiellement) adossées à l'or.* Les États-Unis ont été le dernier pays à abolir l'Étalon-Or en 1971. En d'autres termes, cela fait longtemps que les monnaies fiduciaires ne sont plus adossées à l'or.

B. *Les monnaies fiduciaires sont validées de manière décentralisée.* Les monnaies fiduciaires sont émises par les gouvernements et les transactions monétaires numériques sont facilitées et contrôlées par les banques.

C. ***Les cryptomonnaies sont validées de manière décentralisée.*** C'est en effet l'une des caractéristiques distinctives — si ce n'est LA caractéristique distinctive — d'une cryptomonnaie : les transactions sont validées par plusieurs nœuds décentralisés.

D. *La valeur des cryptomonnaies n'est basée sur rien.* La valeur des cryptomonnaies est basée sur la confiance que le public leur accorde — tout comme les monnaies fiduciaires, d'ailleurs. Car même si les monnaies fiduciaires sont soutenues par un gouvernement, cela seul ne suffit pas à leur donner de la valeur. Pensez par exemple, à la dévaluation rapide du Deutschmark dans les années 1930 ou du Bolívar vénézuélien depuis 2011, deux monnaies fiduciaires soutenues par des gouvernements.

QUESTION 2 : Quel est l'élément innovant du bitcoin ?

A. *C'est la première cryptomonnaie.* Le bitcoin n'était pas la première cryptomonnaie. Des tentatives de création de cryptomonnaie ont été faites dès les années 1990 avec des systèmes comme Flooz, Beenz et DigiCash.

B. *C'est la première cryptomonnaie où les transactions sont validées par un système dit de tierce partie de confiance.* Non, c'est l'inverse.

C. *C'est la première cryptomonnaie où les transactions sont validées par un réseau peer-to-peer sans confiance*. Correct. Autrement dit, sans l'intervention d'une partie centrale comme une banque. Est-ce vraiment une coïncidence si Satoshi Nakamoto a publié son (ou leurs ?) livre blanc sur le bitcoin en pleine crise bancaire, la plus importante depuis les années 1930 ? Probablement pas.

D. *C'est la première monnaie numérique à être sécurisée cryptographiquement.* Non, mais c'est la première cryptomonnaie décentralisée.

QUESTION 3 : Qu'est-ce que la blockchain ?

A. *Une grande base de données publique, décentralisée et en ligne dans laquelle toutes les transactions et autres mutations sont conservées*. Correct.

B. *Un registre central dans lequel toutes les transactions et autres mutations sont conservées.* Le fait est justement que les blockchains peuvent être maintenues de manière décentralisée, par des milliers de nœuds différents.

C. *Une énorme chaîne métallique d'environ 3 mètres d'épaisseur et 1,6 kilomètre de long, utilisée pour verrouiller le bâtiment dans lequel toutes les transactions en bitcoins sont enregistrées.* Euh...

D. *Un autre mot pour contrat intelligent.* Non. Les contrats intelligents sont des algorithmes qui exécutent automatiquement les accords contractuels entre les parties. Ils peuvent fonctionner sur une blockchain, mais la blockchain elle-même est simplement un registre de toutes les transactions.

QUESTION 4 : Toutes les nouvelles cryptomonnaies sont minées en trouvant un grand nombre aléatoire.

A. *Vrai.*

B. ***Faux***. Les cryptomonnaies basées sur la preuve de travail comme le bitcoin sont effectivement minées, mais celles basées sur la preuve d'enjeu ne le sont pas. C'est également la raison pour laquelle les monnaies en preuve d'enjeu consomment beaucoup moins d'énergie.

QUESTION 5 : Quelle est la différence entre la preuve de travail (POW) et la preuve d'enjeu (POS) ?

A. *POW est plus énergivore.* Vrai, et c'est l'une des raisons pour lesquelles Ethereum a décidé de passer à un concept de preuve d'enjeu.

B. *Avec la POS, on peut obtenir de nouvelles pièces qui ne sont pas minées.* En effet. En fait, avec les cryptos POS, les nouvelles pièces sont attribuées aléatoirement à ceux qui mettent en jeu des pièces et contribuent ainsi au processus de validation.

C. *Les pièces POS sont moins susceptibles de subir une attaque à 51%.* C'est aussi vrai. Après tout, il n'est pas dans l'intérêt d'un hacker d'accumuler d'abord 51% d'une pièce puis de casser la réputation (et donc la valeur) de cette pièce.

D. ***Toutes les réponses ci-dessus sont vraies.***

QUESTION 6 : Qu'est-ce qu'un hard fork ?

A. ***Un changement fondamental dans le protocole de la blockchain qui crée une nouvelle blockchain à côté de l'ancienne.*** Correct. C'est ainsi que Bitcoin Cash a été créé. Un autre exemple bien connu est Ethereum, qui est un hard fork d'Ethereum Classic.

B. *Une attaque sur une blockchain dans laquelle un groupe de mineurs contrôle plus de 50% de la puissance de calcul collective, leur permettant de manipuler les transactions. Elle est également appelée attaque à 51%.* Non.

C. *Un morceau de code de la blockchain qui ne peut pas être modifié, contrairement à un soft fork, qui est un code qui peut être facilement changé.* Le code est toujours modifiable si la communauté est d'accord. Cela devient seulement compliqué lorsque certains des nœuds veulent une certaine modification et d'autres absolument pas.

D. *Une application de restaurant populaire similaire à Yelp.* Elle a d'ailleurs été développée par les mêmes créateurs que l'application populaire parmi les mangeurs de viande : Proof-of-Steak.

QUESTION 7 : Qu'est-ce que le halving du bitcoin ?

A. *La division cyclique de la valeur du bitcoin qui se produit environ tous les trois ans, après quoi un nouveau marché haussier commence.* Bien que le prix du bitcoin ait effectivement suivi ce schéma jusqu'à présent, cela n'a rien à voir avec le halving du bitcoin.

B. *Un événement inscrit dans le code du bitcoin, revenant tous les quatre ans, dans lequel la récompense pour l'extraction d'un nouveau bloc est divisée par deux. Il est souvent accompagné d'une augmentation du prix du bitcoin*. Correct.

C. *Un événement inscrit dans le code du bitcoin dans lequel le nombre de bitcoins est divisé par deux tous les 20 ans.* Non.

D. *Aucune des réponses ci-dessus.*

QUESTION 8 : Vrai ou faux :

A. *Cardano est une pièce en preuve d'enjeu (proof-of-stake).* Correct.

B. *Binance est une stablecoin.* Non, BNB est la pièce native de la Binance Smart Chain (BSC) qui est utilisée pour payer les transactions sur le BSC, entre autres choses. Vous confondez peut-être avec le BUSD, une stablecoin développée par Binance.

C. *Polka dot est un concurrent d'Ethereum.* Correct. Les deux sont des plateformes de blockchain qui (dans le cas d'ETH 2.0) utilisent un protocole de blockchain fragmenté, permettant un grand nombre de transactions par seconde.

D. *Tether est une stablecoin.* Oui.

E. A, C, D.

QUESTION 9 : Qu'est-ce que la DeFi ?

A. *Des services financiers facilités par des banques décentralisées dans des paradis fiscaux.* Non, cela s'appelle simplement l'évasion fiscale à l'ancienne.

B. Des services financiers facilités de manière décentralisée via des contrats intelligents basés sur la technologie de la blockchain. Correct. Considérez, par exemple, les plateformes de prêt peer-to-peer et les échanges décentralisés (DEX).

C. *Des services financiers facilités de manière décentralisée par une banque centrale.* Absurde.

D. *Des services financiers qui sont facilités de manière décentralisée. Oui, mais comment ?* B est la meilleure réponse ici.

QUESTION 10 : Quels sont les DApps ?

A. ***Des applications décentralisées, c'est-à-dire des applications qui peuvent fonctionner sur une blockchain***. Correct.

B. *Un surnom moqueur pour les adeptes de la DeFi. « Mon Dieu, ce mec est tellement un DApp ! »* Non, mais si tous les lecteurs de ce livre commencent à l'utiliser de cette manière, cela pourrait finir par entrer dans le dictionnaire dans quelques années. Alors : faites passer le mot !

C. *Un autre nom pour les applications construites sur le réseau Ethereum*. Non.

D. *Des applications décentralisées. Spécifiquement des applications construites sur le réseau Ethereum.* Vous pourriez le penser parce que tant de DApps fonctionnent sur le réseau Ethereum, mais un nombre croissant de DApps fonctionnent sur des blockchains comme Polkadot, EOS, et Tron.

QUESTION 11 : Qu'est-ce qu'un token ERC-20 ?

A. *Une cryptomonnaie approuvée par la Commission européenne pour les cryptomonnaies (officiellement :* jeton conforme à la réglementation européenne version 20 en vertu de la loi sur les cryptomonnaies de 2019). Non, mais ne sous-estimez jamais l'appétit régulateur qui étouffe l'innovation des fonctionnaires.

B. ***Un jeton considéré comme la norme technique pour tous les contrats intelligents sur la blockchain Ethereum***. Correct.

C. *Un jeton développé par la DARPA pour l'armée américaine.* Non, bien qu'en tant que père d'Internet, la DARPA puisse en quelque sorte aussi être considérée comme un grand-père des cryptomonnaies, qui après tout n'auraient jamais pu être développées sans Internet.

D. *Le terme technique pour ether*. Non.

QUESTION 12 : Pourquoi certains initiés de la crypto insistent-ils sur le fait qu'une Monnaie Numérique de Banque Centrale (CBDC) ne peut jamais être une « vraie » cryptomonnaie ?

A. *Parce que les transactions ne sont pas enregistrées sur une blockchain.* Non, elles peuvent l'être, mais même si les banques centrales veulent exploiter la puissance de la blockchain, elles voudront toujours garder le contrôle du processus. C'est un peu comme si les parents installaient un logiciel espion sur les téléphones portables de leurs enfants pour surveiller leurs activités.

B. *Parce qu'une CBDC est contrôlée de manière centralisée.* Correct.

C. *Parce que les transactions ne sont pas validées via des protocoles de preuve d'enjeu ou de preuve de travail.* Non.

D. *Parce qu'une CBDC sera toujours liée à une monnaie fiduciaire.* Non, pas nécessairement. Techniquement, une CBDC n'a pas besoin d'être liée à quoi que ce soit, bien qu'il soit probable que les gouvernements lieront leurs CBDC à des réserves de monnaie (ou peut-être même à de l'or) pour assurer la stabilité de la CBDC.

QUESTION 13 : Qu'est-ce qu'un « hot wallet » ?

A. *Un portefeuille crypto piraté qui est mis en vente.* Non.

B. *Un portefeuille connecté à Internet.* Exact.

C. *Un portefeuille populaire.* Il existe également des hot wallets impopulaires.

D. *Un portefeuille quasiment impossible à pirater.* On appelle cela un portefeuille matériel.

QUESTION 14 : Lequel est le plus sûr : un portefeuille logiciel ou un portefeuille matériel ?

A. *Un portefeuille logiciel ; plus sûr contre les hackers.* Non, c'est l'inverse.

B. ***Un portefeuille matériel, car ils ne sont pas connectés à Internet et donc beaucoup plus difficiles à pirater.*** Correct.

C. *Un portefeuille matériel, car vous pouvez les mettre dans un coffre-fort.* C'est certainement un avantage supplémentaire, mais il est encore plus important que les hackers de quatorze ans avec trop de temps libre n'aient aucun moyen d'accéder à votre portefeuille.

D. *Impossible à dire. Cela dépend du portefeuille.* Il existe en effet des portefeuilles logiciels mauvais, bons et meilleurs que d'autres, mais ils sont tous moins sécurisés que les bons portefeuilles matériels.

Questions sur la partie II : Comment échanger des cryptomonnaies

QUESTION 15 : Quelle est la différence entre les actions et les cryptos ?

A. *Il n'y a aucune différence. Une action est un morceau d'une entreprise, une crypto est un morceau d'un projet crypto.* Non, posséder des cryptos ne fait pas de vous un copropriétaire du projet crypto lui-même.

B. *Posséder des cryptos ne fait généralement pas de vous un copropriétaire du projet crypto qui a émis la crypto.* Vrai.

C. *Les prix des actions sont finalement basés sur la valeur sous-jacente de l'entreprise qui a émis les actions. Les prix des cryptos ne le sont pas.* Vrai aussi.

D. *Les actions versent des dividendes, les cryptos ne le font pas.* En effet, bien qu'il y ait des similitudes entre le staking de crypto et les dividendes d'actions. Une différence clé entre le staking et les dividendes d'actions est que pour le staking, vous devez faire quelque chose - mettre vos pièces à disposition pour valider les transactions - tandis que pour obtenir un dividende d'action, tout ce que vous avez à faire est de posséder l'action quelques jours avant que le dividende ne soit versé.

E. *Toutes les réponses ci-dessus.*

F. B, C et D.

QUESTION 16 : Si vous achetez 0,5 bitcoin auprès d'un courtier CFD, combien de bitcoin possédez-vous réellement ?

A. *Impossible à dire. Cela dépend de l'effet de levier offert par le courtier CFD.* L'effet de levier détermine combien de capital vous devez réellement réserver pour ouvrir une position ; ainsi, le montant de l'effet de levier affecte effectivement la taille de votre position étant donné votre capital. Cependant, avec une position CFD, vous n'achetez pas réellement l'actif sous-jacent mais ne réglez que la différence de valeur à l'ouverture et à la clôture de la position. Par conséquent, avec une position CFD en bitcoin, vous ne possédez pas réellement de bitcoin.

B. *0,5 bitcoin. Évident*. Oui, cela semblait trop facile, vraiment.

C. ***0 bitcoin. Évident***. Correct.

D. *0,25 bitcoin. Le courtier détient l'autre moitié en tant que garantie*. Nous ne parlons pas ici d'un prêteur sur gages.

QUESTION 17 : Quelle est la différence entre une option de vente (put) et une option d'achat (call) ?

A. ***Une option de vente est le droit de vendre un actif sous-jacent, une option d'achat est le droit d'acheter un actif sous-jacent***. Correct.

B. *Une option de vente est le droit d'acheter un actif sous-jacent, une option d'achat est le droit de vendre un actif sous-jacent*. C'est l'inverse.

QUESTION 18 : Qu'est-ce que le yield farming ?

A. *Exploiter de petites différences de prix sur les échanges en achetant des cryptos sur un échange et en les vendant directement sur un autre*. Non, cela s'appelle l'arbitrage.

B. *Un autre mot pour le staking*. Non, bien que le staking soit une forme de yield farming.

C. *Un autre mot pour la culture de liquidité*. C'est aussi une forme de yield farming, mais il en existe d'autres.

D. ***Louer vos cryptos en échange d'une récompense***. Correct. Toutes les façons dont vous pouvez exploiter vos cryptos pour obtenir un rendement relèvent du yield farming. Cependant, le staking et la culture de liquidité sont deux des formes les plus importantes.

QUESTION 19 : Vrai ou faux : le staking consiste à prêter des cryptos en échange d'une récompense.

A. *Vrai.* Vous ne prêtez pas réellement vos cryptos avec le staking. Vous les rendez seulement disponibles pour valider des transactions.

B. *Faux.*

C. *A et B.* Profond, mais néanmoins faux.

QUESTION 20 : L'Awesome Super Coin (ASC) offre un APY de staking de 75%. Un ami à vous a déjà investi un quart de son capital d'investissement et dit que vous seriez vraiment un « Dapp » si vous ne le faisiez pas aussi. Cependant, la pièce n'a été lancée que la semaine dernière, et on ne sait pas qui est derrière. Que faites-vous ?

A. *Vous investissez la moitié de votre capital pour gagner encore plus que votre ami.* L'avidité est bonne, mais ne laissez pas cela vous guider trop.

B. *Vous investissez 5% de votre capital, même si vous craignez que ce soit une pièce « pump-and-dump » classique.* En cas de doute, abstenez-vous. 5% c'est toujours 5%.

C. *Rien.* Une nouvelle monnaie qui offre 75% d'APY et personne ne sait qui est derrière. Cela ressemble à un groupe d'aventuriers essayant d'attirer autant d'investisseurs que possible avant de les trahir. Mieux vaut rester à l'écart. Si cela semble trop beau pour être vrai, c'est généralement le cas.

QUESTION 21 : Quel est le plus grand risque dans l'exploitation de liquidités ?

A. *Que l'échange décentralisé où vous avez déposé vos cryptos s'enfuie avec vos cryptos.* Il y a un (petit) risque que cela arrive — surtout avec un nouvel échange, vous devez être un peu prudent à ce sujet — mais ce n'est certainement pas le plus grand risque.

B. *Que le pool de liquidité où vous avez déposé vos cryptos soit piraté.* C'est aussi possible, mais peu probable.

C. *Qu'il n'y ait pas assez de liquidité pour couvrir les coûts.* Non.

D. *Que vous subissiez une perte impermanente parce que la valeur des deux pièces que vous avez déposées commence à diverger.* Correct. Cela se produit régulièrement, surtout lorsque vous associez deux pièces volatiles entre elles. Le plus sûr est de jumeler deux stablecoins entre elles (bien que le rendement soit naturellement inférieur à celui obtenu en associant, par exemple, Dogecoin avec ETH).

QUESTION 22 : Lequel rapporte généralement le plus, le minage ou le staking ?

A. *Le staking.*

B. *Le minage.*

C. *Les deux à peu près de la même manière.*

D. *Impossible à dire ; cela dépend de la pièce et de son système de récompense.* Il existe maintenant des milliers de différentes monnaies et de nombreuses récompenses différentes pour le staking et le minage. Cependant, il est vrai qu'il est généralement plus facile de staker des pièces que de les miner.

Questions sur la partie III : Outils essentiels pour l'échange de cryptomonnaies

QUESTION 23 : Qu'est-ce que l'analyse fondamentale ?

A. *Il n'y a pas d'analyse fondamentale dans le trading de crypto.* Vous pouvez appliquer l'analyse fondamentale à n'importe quelle classe d'actifs, y compris les cryptos. C'est parce qu'il y a toujours des facteurs externes qui influencent l'offre et la demande d'un actif.

B. *Une analyse approfondie des fondements théoriques d'un actif ; dans le cas des cryptos : le code sous-jacent.* Non, bien qu'il soit certainement utile d'avoir au moins une certaine connaissance des fondements théoriques d'un actif.

C. *Étudier les facteurs externes qui influencent le prix d'un actif.* Correct.

D. *Analyser la crypto dans le but de trouver une réponse à l'une des questions les plus existentielles : La cupidité est-elle vraiment bénéfique ?* Cette question a déjà trouvé une réponse depuis longtemps.

QUESTION 24 : Elon Musk, PDG de Tesla et converti aux cryptos, tweete que les acheteurs de Tesla payant avec Dogecoin bénéficieront d'une réduction de 10% dès maintenant. Que faites-vous ?

A. *Rien.*

B. *Vous prenez immédiatement une position sur Dogecoin et passez simultanément un ordre de vente à un gain de prix de 50%.* À notre avis, Dogecoin n'apporte rien au monde des cryptos et n'est donc pas une bonne pièce à détenir à long terme. Cependant, Musk a régulièrement prouvé avoir un grand impact sur le marché des cryptos et 10% de réduction est une belle opération. Il y a de fortes chances que le prix du Dogecoin monte ici.

C. *Vous achetez immédiatement deux Tesla (une pour la semaine et une pour le week-end).* Vous pourriez, mais ce n'est pas la réponse que nous cherchons ici.

D. *Vous vendez immédiatement toutes vos actions Tesla.* Dans ce cas, cela pourrait être une bonne idée, car qui sait ce que Musk prépare ensuite ?

QUESTION 25 : Vous venez de prendre une position HODL dans MATIC, une solution de couche 2 pour Ethereum. Son prix a récemment légèrement baissé, mais vous lisez maintenant sur CoinDesk que le TVL (valeur totale verrouillée) de MATIC a augmenté de 32% au cours des dernières 24 heures. Entre-temps, le prix de l'action MATIC a déjà augmenté de 10%. Que faites-vous ?

A. *Vous vendez immédiatement tout votre MATIC avec un bénéfice de 10%. Qui est le roi de la crypto !?* Ce serait imprudent. Vous avez pris une position HODL dans MATIC pour une raison. Vous ne voulez pas un gain de 10% mais de 1 000%.

B. *Rien.* C'est toujours une option, mais il y a de fortes chances que MATIC monte encore. Ne rien faire est une opportunité manquée dans ce cas.

C. *Vous augmentez votre position en MATIC.* Correct.

D. *Vous vendez tous vos autres actifs en cryptos et mettez tout sur MATIC.* Cela pourrait être un peu trop enthousiaste.

QUESTION 26 : Qu'est-ce que l'analyse technique ?

A. *L'étude des prix des actifs à l'aide d'indicateurs techniques.* Non, bien que les indicateurs techniques soient certainement une partie de l'analyse technique, vous pouvez également réaliser une analyse technique sans eux ; même étudier un simple graphique en barres est une forme d'analyse technique.

B. *L'étude prolongée d'un graphique jusqu'à en saisir l'essence.* Profond, mais bien sûr absurde.

C. *Étudier les prix passés des actifs dans le but de prédire les prix futurs des actifs.* Correct.

D. *Un autre terme pour des balivernes.* Aussi correct selon certains critiques de l'analyse technique.

QUESTION 27 : Vrai ou faux : les prix des actifs évoluent dans une tendance ou latéralement.

A. *Vrai.*

B. *Pas vrai.*

C. *Pas entièrement vrai.* Parfois, quelque chose est simplement vrai ou faux.

D. *En grande partie vrai.*

QUESTION 28 : Quel graphique donne le plus d'informations ?

A. *Le graphique en barres.* C'est une sorte de version simplifiée du graphique en chandeliers.

B. *Le graphique en chandeliers.* Correct.

C. *Le graphique linéaire.* En fait, ce graphique est celui qui donne le moins d'informations.

D. *Le graphique tout-en-un.* Ça sonne comme si c'était un super graphique ; malheureusement, il n'existe pas (encore).

QUESTION 29 : Quelle est l'importance du volume de trading ?

A. ***Il peut vous informer sur la force d'un mouvement.*** Correct. Par exemple, lorsqu'un mouvement de prix est soutenu par un volume augmentant rapidement, cela indique qu'il y a beaucoup de force et de dynamisme derrière ce mouvement.

B. *Le volume de trading est totalement sans importance.* Incorrect.

C. *Un volume de trading élevé indique que le prix va chuter.* Un volume de trading élevé peut se retrouver aussi bien dans des mouvements de prix à la hausse qu'à la baisse.

D. *Un volume de trading élevé indique que le prix va augmenter.* Pas nécessairement. Si la plupart des traders entrent sur le marché pour vendre leurs cryptos, cela pourrait aussi indiquer que le prix va baisser.

QUESTION 30 : Qu'est-ce qu'une divergence baissière dans l'Indicateur de Force Relative (RSI) ?

A. ***C'est lorsque le prix montre des sommets plus élevés tandis que le RSI montre des sommets plus bas. Cela indique que le prix pourrait baisser.*** Correct. La divergence baissière est un signe que le momentum d'un mouvement à la hausse s'affaiblit, augmentant la probabilité que le prix chute.

B. *Lorsque le prix montre des sommets plus bas tandis que le RSI montre des sommets plus élevés.* C'est l'inverse.

C. *Cela ne signifie rien. Le RSI montre toujours une divergence avec l'évolution du prix.* Non, normalement le RSI évolue en tandem avec le prix.

D. *Cela signifie que le momentum du mouvement des prix s'intensifie et que le prix continuera probablement à augmenter.* Non, le momentum est en réalité en baisse.

QUESTION 31 : Quelle est la stratégie SMA de serré à large (tight to wide) ?

A. *Augmenter la plage d'entrée dans laquelle une position est prise.* Non, cela n'a rien à voir avec cela.

B. *Augmenter la plage de sortie dans laquelle une position est prise.* Non plus.

C. ***Prendre une position lorsque trois SMA de différentes périodes sont proches puis commencent à diverger***. Correct. Cela indique un momentum du mouvement de prix.

D. *Augmenter une position lorsque le SMA monte.* Lorsque le SMA monte et que vous avez une position longue, cela pourrait être une bonne idée d'augmenter votre position, mais la stratégie SMA de serré à large implique une combinaison de plusieurs SMA indiquant un momentum croissant du mouvement de prix.

QUESTION 32 : Qu'est-ce que l'analyse on-chain ?

A. *Analyser la blockchain Bitcoin pour obtenir des informations sur les mouvements de prix.* C'est effectivement un exemple d'analyse on-chain, mais l'analyse on-chain ne se limite pas au bitcoin.

B. *Analyser le code de la blockchain en cas de bugs ou de hacks.* Non.

C. ***Utiliser les données publiques de la blockchain pour obtenir des informations sur l'évolution prévue des prix***. Correct.

D. *Je passe.* Il faut du courage pour admettre qu'on ne sait pas quelque chose.

QUESTION 33 : Les données du fournisseur d'analyse on-chain Glassnode montrent qu'un très grand nombre de bitcoins a été transféré depuis des échanges de cryptos vers des stockages à froid ces derniers jours. Qu'est-ce que cela signifie ?

A. ***Que l'offre de bitcoin diminue ; c'est une indication que le prix peut augmenter (davantage).*** Correct. Les investisseurs déplacent généralement leurs bitcoins vers des stockages à froid s'ils prévoient de les conserver longtemps. Ainsi, si beaucoup de bitcoins sont retirés des échanges, l'offre diminue. Si la demande reste la même ou augmente, le prix est donc susceptible d'augmenter (davantage).

B. *Rien. Il y a tellement de bitcoins qu'il y a toujours suffisamment d'offre.* L'offre de bitcoin est limitée. Si l'offre diminue, le prix augmentera probablement si la demande reste la même.

C. *Que l'intérêt pour le bitcoin diminue et que le prix pourrait commencer à baisser.* Non.

D. *Que le prix du bitcoin augmentera presque certainement.* Il y a effectivement une chance significative que le prix monte, mais dire que c'est presque certain est exagéré. Après tout, si la demande baisse en même temps, le prix pourrait aussi baisser.

QUESTION 34 : Qu'est-ce que cela signifie lorsque le nombre d'adresses avec plus de 1 000 bitcoins augmente soudainement rapidement ?

A. *Que le prix du bitcoin a probablement chuté rapidement.* Non, cela n'a rien à voir avec cela.

B. *On ne peut pas voir combien de bitcoins appartiennent à une adresse particulière, tout comme on ne peut pas voir combien d'argent se trouve sur un compte bancaire.* La comparaison entre une adresse crypto et un compte bancaire est souvent faite mais ne s'applique pas dans ce cas car vous pouvez effectivement voir combien de bitcoins appartiennent à une adresse.

C. ***Que le nombre d'investisseurs institutionnels augmente.*** Vrai. À un prix de 30 000 $, 1 000 bitcoins valent 30 millions de dollars. Seul un très petit nombre d'investisseurs particuliers dispose d'une telle somme à investir. La grande majorité des (nouvelles) adresses avec plus de 1 000 bitcoins appartiennent à des investisseurs institutionnels.

D. *Cela signifie très peu car les adresses Bitcoin peuvent contenir des fonds bitcoins de milliers d'investisseurs différents.* Non, pas du tout.

QUESTION 35 : Qu'est-ce que cela signifie lorsque la réserve illiquide d'ethereum chute soudainement de façon marquée ?

A. ***Cela signifie qu'une quantité importante d'ethereum qui n'a pas été échangée pendant longtemps est soudainement vendue. Cela peut indiquer que les HODLers ont décidé de réaliser (partiellement) des bénéfices.*** Correct. La réserve illiquide est constituée de cryptos qui n'ont pas été échangés depuis longtemps. Lorsque la réserve illiquide diminue, cela indique que les HODLers vendent.

B. *Cela signifie que la quantité d'ethereum disponible diminue.* Non, c'est l'inverse.

C. *Cela signifie que beaucoup de baleines vendent leur ethereum.* Il n'est pas nécessaire que ce soient (uniquement) les baleines qui vendent ; si de nombreux traders de détail vendent leurs ethers longtemps détenu, la réserve illiquide pourrait également diminuer rapidement.

D. *Cela ne signifie pas grand-chose. La liquidité de l'ether est notoirement cyclique.* Ça sonne bien, mais c'est quand même absurde.

QUESTION 36 : Les niveaux de support et de résistance sont principalement :

A. *Psychologiques*. Vrai. Les investisseurs sont comme tout le monde, après tout.

B. *De fausses informations. Il n'y a aucune preuve que les niveaux de support et de résistance existent vraiment.* Regardez simplement quelques graphiques quotidiens de quelques actifs aléatoires si vous pensez vraiment cela.

C. *Dérivables des données de la blockchain.* Les données de la blockchain ne concernent pas tant le mouvement du prix en lui-même, mais plutôt ce qui le motive et qui le motive.

D. *Aléatoires.* Voir la suggestion à la réponse B.

QUESTION 37 : Si le prix quotidien dépasse un niveau de résistance clé, cela signifie que vous devriez :

A. *Fermer votre position, car le prix va probablement chuter maintenant.* Dans ce cas, il est souvent plus judicieux de rester en place. En effet, si un prix a suffisamment d'élan pour franchir un niveau de résistance important, il y a de fortes chances que cet élan persiste plutôt qu'il ne s'effondre.

B. *Prendre une position/augmenter une position existante*. Correct. Surfez sur cette vague.

C. *Enfin acheter cette Lambo.* Ce n'est pas le moment de vendre. (De plus, les Lambos, c'est tellement 2020.)

D. *Vendre à découvert.* À moins d'être un trader très expérimenté ou d'avoir des informations privilégiées, il n'est généralement pas judicieux de trader contre le marché. Si vous voulez trader contre la sortie, vous feriez mieux d'attendre le tournant.

QUESTION 38 : Vrai ou faux : Si un niveau de prix est fermement rejeté — pensez, par exemple, à une bougie avec une très longue mèche — c'est un signal plus fort qu'une situation où le prix se déplace autour d'un certain niveau de prix pendant une période plus longue.

A. ***Vrai***. Un rejet résolu est un signal qu'il y a de nombreux acheteurs/vendeurs concentrés autour d'un certain niveau de prix, indiquant un fort support/une forte résistance.

B. *Faux.*

QUESTION 39 : Vrai ou faux : Plus un support ou une résistance est respecté, plus il devient important.

A. ***Vrai***. Plus un support/résistance est respecté, plus les traders commencent à en tenir compte et à ajuster leurs positions en conséquence. Entre septembre 2019 et août 2020, par exemple, le bitcoin a longtemps lutté pour dépasser les 10 000 dollars. Après avoir dépassé ce seuil, son prix a rapidement progressé pour atteindre puis dépasser, la barre des 20 000 dollars, surpassant ainsi le précédent record établi à la fin de 2017.

B. *Faux.*

QUESTION 40 : Comment s'appelle ce modèle de prix et que signifie-t-il ?

A. *J'ai peur d'être éliminé si je donne la bonne réponse.*

B. *C'est le modèle Coup de Grâce. Cela signifie que le prix va probablement chuter bientôt.* Non.

C. *C'est le modèle Double Bottom. Cela signifie que le prix va probablement augmenter bientôt.* Correct. Lorsqu'un plancher est clairement rejeté deux fois (baisse rapide, récupération rapide) puis franchit la ligne de cou (la ligne pointillée qui traverse le haut de la récupération temporaire), c'est un signe que les taureaux ont le dessus.

D. *Ce n'est pas un modèle de prix, mais une œuvre du célèbre artiste abstrait Ernst von Rothko zu Grunwold.* Nous aimerions l'acheter, mais malheureusement non.

QUESTION 41 : Et comment s'appelle ce modèle ? Et que signifie-t-il ?

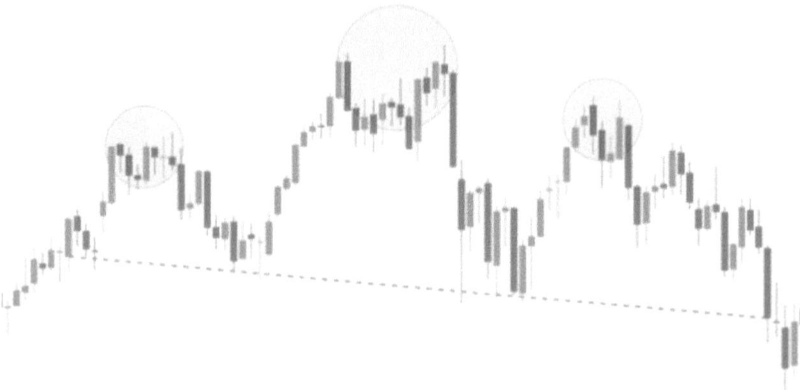

A. *Ah, une autre œuvre de Ernst von Rothko zu Grunwold, l'une de ses meilleures, vraiment. Ce grand artiste est décédé bien trop jeune.*

B. ***C'est le modèle Tête-épaules. Les taureaux ont d'abord atteint un nouveau sommet, mais n'ont pas réussi à augmenter davantage le prix après cela. Et maintenant que la ligne de cou est franchie, il y a de fortes chances que le prix chute davantage***. Correct. Nous n'aurions pas pu mieux l'expliquer nous-mêmes.

C. *C'est le modèle des Trois-Sommets. Il y a de bonnes chances que les taureaux poussent le prix à un quatrième sommet*. Pas une mauvaise hypothèse, mais un scénario moins plausible que celui décrit sous B. Il est clair que les taureaux perdent de l'élan ici ; la probabilité d'une correction plus profonde est donc plus grande.

D. *C'est le modèle du Triple-Bottom-Inversé (à ne pas confondre avec le modèle Tête-épaules, qui est très similaire). Il y a de bonnes chances que le prix continue à évoluer autour de la ligne de cou pour un avenir prévisible*. Une fois la ligne de cou franchie, cela renforce l'élan des ours et donc la probabilité d'une baisse supplémentaire.

QUESTION 42 : Quel est le facteur important dans la probabilité de réussite d'un breakout ?

A. *Le volume de trading.* C'est certainement un facteur important. Un volume de trading élevé est un signe de fort élan.

B. *Le timing.* Ceci est moins pertinent.

C. *La durée pendant laquelle le prix s'est déplacé dans un modèle avant le breakout.* Cela est souvent significatif. Lorsqu'un actif évolue dans un canal particulier pendant une période prolongée puis sort de ce canal, c'est un signe que la lutte entre les taureaux et les ours a été résolue, au moins temporairement.

D. ***A et C.*** C'est la meilleure réponse.

QUESTION 43 : Qu'est-ce qu'un fakeout ?

A. *Un terme péjoratif pour un trader de crypto qui vend toutes ses cryptos dès que le prix baisse un peu.* « C'est vraiment un fakeout. » Presque, mais ce n'est pas ça. Les traders qui vendent rapidement pendant une baisse sont souvent appelés « mains faibles ».

B. ***Un faux breakout.*** Correct.

C. *Un terme factice.*

D. *Le moment où une pièce pump-and-dump s'effondre.* Non, bien qu'on puisse dire que d'une certaine manière chaque pièce pump-and-dump est un grand fakeout.

Questions sur la partie IV : Stratégies de trading populaires

QUESTION 44 : Qu'est-ce que la stratégie de la moyenne des coûts en dollars ?

A. *Répartir votre portefeuille de cryptos de manière égale entre différentes cryptos.* Bien que ce soit une bonne idée, ce n'est pas ce dont il s'agit avec la stratégie du dollar-cost averaging.

B. ***Construire votre portefeuille de cryptos progressivement en achetant des actifs sur plusieurs périodes afin de réduire l'impact de la volatilité.*** Correct.

C. *Acheter chaque mois un panier de cryptos équivalent à la dévaluation monétaire de vos économies due à l'inflation. (Par exemple, si vous avez 25 000 $ d'économies et un taux d'inflation annuel de 2%, vous achèteriez pour 500 $ de cryptos cette année.)* Pas une mauvaise idée non plus, mais non.

D. *Un indice d'inflation. Rien à voir avec l'investissement.* Non.

QUESTION 45 : Qu'est-ce que la stratégie HODL ?

A. *Acheter une pièce et ne jamais la revendre.* Ne dites jamais jamais.

B. ***Conserver une pièce pendant une période prolongée.*** Correct. La version crypto de la célèbre stratégie d'achat & conservation.

C. *Vendre une pièce pour le double du prix.* Ce n'est pas une mauvaise prémisse — bien que peut-être un peu trop modeste quand il s'agit de cryptos — mais le HODLing concerne la conservation, pas la vente.

D. *Augmenter progressivement une position dans un marché en tendance, souvent en trois étapes.* Non, bien que ce soit une excellente idée de rentrer (et de sortir) des positions par étapes.

QUESTION 46 : Vous pouvez utiliser des options pour :

A. *Spéculer sur les hausses et les baisse des prix.*

B. *Protéger des positions contre la baisse des prix.*

C. *Acheter un actif à un « prix réduit ».*

D. *Toutes les réponses ci-dessus.* Correct.

Questions sur la partie V : Comment devenir un trader de Cryptomonnaies réussi

QUESTION 47 : Quelle est la principale cause de perte chez les traders débutants ?

A. *Des positions trop importantes*. Il n'est pas nécessairement erroné de répartir son capital crypto sur quelques positions seulement, surtout si ce sont des positions dans des cryptos solides.

B. ***L'émotion***. C'est en effet la principale cause de perte chez les traders novices. L'émotion est à l'origine de nombreuses décisions erronées : entrer impulsivement dans une crypto simplement parce qu'elle monte à ce moment-là ; quitter une position rentable trop tôt ou une position déficitaire trop tard ; augmenter les positions pour rapidement compenser les pertes, etc.

C. *Trader les mauvaises pièces*. Cela arrive certainement, mais le plus souvent, c'est la transaction elle-même qui tourne mal.

D. *Pas assez de capital de départ*. Rien de tel.

QUESTION 48 : Qu'est-ce qu'un ordre limite ?

A. ***Un ordre d'achat ou de vente d'un titre à un prix spécifique ou meilleur***. Correct.

B. *Un ordre dans lequel vous spécifiez le montant minimum ou maximum que vous êtes prêt à investir.*

C. *Un ordre d'achat d'un titre à un prix spécifique ou meilleur*. C'est aussi un ordre limite, mais la réponse A est meilleure.

D. *A et B.*

QUESTION 49 : Que ne devriez-vous jamais faire ?

A. *Trader des cryptomonnaies.* Que vous tradiez des cryptos, des actions, du forex ou des matières premières, vous ne devriez jamais investir de l'argent que vous ne pouvez pas vous permettre de perdre.

B. *Trader avec de l'argent que vous ne pouvez pas vous permettre de perdre.*

C. *Remplir l'intégralité de votre portefeuille d'investissement avec des cryptos.* Même si vous croyez à 100% en certaines cryptos, il est judicieux de placer la majeure partie de votre portefeuille d'investissement dans des actifs moins risqués. Les cryptos ont beaucoup de potentiel en tant qu'investissement à notre avis, mais ils sont aussi énormément volatils. De plus, personne ne sait quelles cryptos émergeront en tant que gagnantes dans les dix prochaines années et quelles pièces disparaîtront. Alors ne mettez pas tout dans les cryptos mais diversifiez.

D. *Refuser une offre d'achat d'un vrai Ernst von Rothko zu Grunwold pour une fraction de sa valeur réelle.* Si vous pouviez réellement acheter un Ernst von Rothko zu Grunwold, cela serait certainement vrai.

E. *Toutes les réponses ci-dessus sont vraies.*

F. B et C.

QUESTION 50 : Une vieille sagesse de Wall Street dit de limiter vos pertes ...

A. *...et vos profits encore plus.*

B. *...et de toujours acheter à la baisse.*

C. ...et de laisser courir vos profits.

D. *...et ne jamais acheter à la baisse.*

Annexe III

Carte de score du quiz

50 bonnes réponses

Vous êtes un dieu du trading de cryptomonnaie. En fait, vous n'avez probablement même pas besoin de trader pour devenir riche. Vous devriez simplement offrir des séances de coaching privées à 1 000 $ de l'heure pour que d'autres puissent bénéficier de vos connaissances extraordinaires. (Lorsque des clients potentiels vous demandent d'où vous tirez le culot de demander des frais aussi exorbitants, montrez-leur simplement vos résultats au quiz.)

43-49 bonnes réponses

Vous n'êtes peut-être pas encore un dieu du trading de cryptomonnaie, mais vous avez définitivement du talent. Vous pourriez probablement quitter votre emploi dès maintenant et commencer à gagner beaucoup d'argent. Et pendant que vous y êtes, pourquoi ne pas prendre une avance sur vos futures richesses en contractant une hypothèque plus importante afin d'acheter enfin ce manoir dont vous avez toujours rêvé ? (Si votre banque hésite à vous prêter quelques malheureux millions de dollars, montrez-leur simplement vos résultats au quiz et menacez de transférer vos futures richesses vers une banque concurrente ; cela devrait suffire à les convaincre.)

37-42 bonnes réponses

Pas mal du tout. Vous montrez certainement du potentiel, mais peut-être avez-vous besoin d'un peu plus de pratique. Commencez petit et progressez ; continuez à apprendre, à pratiquer et restez informé des nouveaux développements dans la cryptosphère. (Il est probablement préférable de ne pas quitter votre travail actuel pour le moment.)

29-36 bonnes réponses

Vous n'êtes pas ignorant en matière de crypto, mais vous avez certainement du travail à faire. Peut-être devriez-vous relire ce livre, en particulier les parties qui semblent vous poser problème, et/ou trouver quelqu'un qui a répondu correctement aux 50 questions de ce quiz et lui demander de vous enseigner (les 1 000 $ de l'heure que cela vous coûtera seront facilement remboursés une fois que vous aurez acquis suffisamment de connaissances sur le trading).

18-28 bonnes réponses

Savoir que vous avez encore beaucoup à apprendre est également une information précieuse, et vous avez certainement encore beaucoup à apprendre. Vous ne devriez vraiment pas commencer à trader avec de l'argent réel pour le moment. Peut-être que la crypto n'est pas pour vous, seul le temps le dira. Relisez le livre, continuez à apprendre, et si vous devez trader des cryptos : il serait probablement préférable de suivre une stratégie d'achat à coût moyen, d'acheter uniquement les meilleures monnaies et, pour l'amour de Dieu : HODL.

0-17 bonnes réponses

Nous ne voulons pas vous blesser — Dieu sait que nous vivons à une époque hypersensible et que les gens se sentent victimisés par la moindre critique de nos jours — mais nous voulons aussi être honnêtes avec vous. Alors, nous le dirons le plus gentiment possible. Êtes-vous prêt ? Très bien, allons-y : Vous ne devriez vraiment, vraiment pas trader avec de l'argent réel, en aucun cas (ou assumer n'importe quelle responsabilité, en fait). Parce que, comment dire, vous avez des compétences différentes, pour utiliser un terme plus politiquement correct, vous êtes moins informé : inexpérimenté. Pourquoi ne pas essayer quelque chose de plus relaxant, comme les dames ou l'origami ? Et s'il vous plaît, ne vous inquiétez pas, tout ira bien, vous êtes génial. (Nous avons préparé un espace sûr pour vous à la page suivante au cas où vous voudriez être seul avec vos sentiments pendant un moment.)

ESPACE SÉCURISÉ

Réservé uniquement à ceux ayant 0-17 bonnes réponses.

À tous les autres : veuillez ne pas entrer.

Annexe IV

Glossaire

Altcoin : Terme collectif pour toutes les cryptomonnaies autres que le bitcoin.

Application décentralisée (DApp) : Une application qui fonctionne et opère de manière autonome grâce à des contrats intelligents qui vivent sur un système de blockchain décentralisé comme le réseau Ethereum.

ATH : All Time High : le prix le plus élevé de tous les temps.

ATL : All Time Low : le prix le plus bas de tous les temps.

Baissier : La prévision d'une baisse des actifs ou du marché.

Baleine : Un investisseur fortuné qui possède beaucoup de pièces. Une baleine peut influencer le prix du marché en achetant ou en vendant soudainement beaucoup de pièces.

Bloc : Une partie d'une blockchain dans laquelle les transactions peuvent être stockées. Un bloc bitcoin, par exemple, contient toutes les transactions effectuées en bitcoins (BTC) pendant une période d'environ dix minutes. Mais les blocs de certaines autres cryptos peuvent stocker beaucoup plus de transactions.

Blockchain : Un registre numérique décentralisé (registre distribué) où toutes les transactions dans une cryptomonnaie sont stockées. Une blockchain peut également être utilisée pour enregistrer toutes sortes d'autres mutations, telles que celles des contrats intelligents.

CBDC : Monnaie numérique de la banque centrale, autrement dit une cryptomonnaie créée et supervisée par une banque centrale. Comme une CBDC n'est pas maintenue de manière décentralisée mais est contrôlée centralement, une CBDC n'est généralement pas considérée comme une « vraie » cryptomonnaie.

Clé privée : Un code cryptographique unique qui permet d'autoriser des transactions depuis une adresse crypto. La clé privée ne doit jamais être partagée avec d'autres.

Clé publique : Un code cryptographique unique qui permet à un utilisateur de recevoir des cryptos à une adresse crypto. L'adresse est générée par la clé publique et vous pouvez la partager avec d'autres afin qu'ils puissent vous envoyer des cryptos.

Contrat intelligent : Un contrat numérique écrit en langage de code qui vit sur une blockchain et est automatiquement exécuté lorsque certaines conditions sont remplies.

Détenteur de sac : Quelqu'un qui reçoit l'extrémité d'un schéma de pompage et de vidage, c'est-à-dire quelqu'un qui reste coincé avec un tas de pièces qui ne valent presque rien.

Division du Bitcoin (bitcoin halving) : Un événement qui a lieu tous les quatre ans où la récompense pour la création d'un nouveau bloc dans la blockchain du bitcoin est divisée par deux. Les trois premières divisions ont eu lieu en 2012, 2016 et 2020.

Échange/trade de crypto : Échange en ligne où les cryptomonnaies sont échangées.

Exploitation minière : Trouver de nouveaux blocs de blockchain en résolvant un problème mathématique complexe. Les mineurs vérifient également les transactions et les ajoutent à un bloc. Pour la découverte d'un nouveau bloc, les mineurs sont récompensés par des cryptos nouvellement créées. L'exploitation minière de crypto existe uniquement pour les cryptos qui fonctionnent avec le mécanisme de consensus proof-of-work, comme le bitcoin. Avec les cryptomonnaies proof-of-stake, les nouvelles pièces ne sont pas minées mais distribuées aux détenteurs de pièces qui ont misé leurs pièces.

Finance décentralisée (DeFi) : Un terme générique pour toutes sortes d'applications décentralisées (dapps) dans le domaine des services financiers, tels que les échanges décentralisés de cryptos, les plateformes de prêt peer-to-peer, les stablecoins, les assurances, etc.

FOMO : Peur de manquer quelque chose. Acheter une monnaie en forte hausse par peur de manquer l'opportunité de gains rapides. Se traduit souvent par un achat au sommet.

Frais de gaz : Frais payés aux mineurs afin de valider une transaction sur la blockchain Ethereum, c'est-à-dire les frais de transaction.

Hard fork : Un changement fondamental dans le protocole de la blockchain qui crée une nouvelle blockchain à côté de l'ancienne. Les détenteurs de tokens dans l'ancienne blockchain reçoivent automatiquement des tokens dans la nouvelle blockchain. Les mineurs doivent choisir quelle blockchain ils continuent à valider. Des exemples de fourchettes dures incluent Bitcoin Cash, Bitcoin SV, et Ethereum Classic.

Haussier : La prévision d'une hausse des actifs ou du marché.

HODL : Une corruption du mot anglais « hold » qui signifie simplement garder vos pièces pendant une période plus longue.

ICO : Offre initiale de pièces. Une méthode de collecte de fonds dans laquelle les startups de cryptos lèvent des investissements en récompensant les investisseurs avec un certain nombre de pièces d'une nouvelle monnaie.

Main faible : Propriétaires de pièces qui vendent leurs pièces dès que le prix baisse.

Mains fortes : Propriétaires de pièces qui ne vendront pas leurs pièces quelle que soit la baisse du prix.

Marché baissier : Un marché en déclin.

Monnaie fiduciaire : Monnaies émises par les gouvernements qui n'ont elles-mêmes aucune valeur intrinsèque, ni ne sont adossées à un actif sous-jacent tel que l'or. La plupart des monnaies modernes sont des monnaies fiduciaires.

Nœud : Un ordinateur qui valide les mutations/transactions sur un réseau blockchain.

Pair-à-pair : Une connexion entre des ordinateurs individuels qui n'est pas facilitée par un serveur central.

Pièce native : La propre monnaie d'un projet blockchain. Par exemple, l'ether est la monnaie native du réseau Ethereum.

Portefeuille : En crypto, un portefeuille numérique sur lequel peuvent être stockées les clés privées donnant accès à une adresse crypto. Il existe à la fois des portefeuilles logiciels (chauds) et des portefeuilles matériels (froids). Les portefeuilles matériels ne sont pas connectés à Internet et sont donc considérés comme étant plus sûrs.

Portefeuille chaud : Un portefeuille que vous pouvez installer sur votre ordinateur, téléphone ou tablette via internet.

Preuve d'enjeu (PoS) : Un mécanisme de consensus pour les blockchains dans lequel les transactions/mutations sont validées par les propriétaires de pièces qui ont engagé/misé (une partie de) leurs pièces dans ce but.

Preuve de travail (PoW) : Un mécanisme de consensus pour les blockchains dans lequel de nouveaux blocs sont minés en trouvant un grand nombre aléatoire appelé nonce. Les ordinateurs/mineurs sont récompensés pour avoir trouvé un nouveau bloc avec de nouvelles pièces, la récompense de bloc.

Pump & Dump : Une arnaque dans laquelle des escrocs achètent une pièce bon marché et peu liquide, puis créent du battage médiatique autour d'elle (le pump) afin que des investisseurs non avertis s'y lancent et poussent le prix à monter encore. Lorsque le prix est suffisamment élevé, les escrocs vendent leurs pièces (le dump), faisant chuter le prix. Les investisseurs non avertis (également appelés détenteurs de sacs) se retrouvent avec des pièces sans valeur.

Récompense de bloc : La récompense pour la création d'un nouveau bloc dans la blockchain.

Satoshi : Satoshi Nakamoto est le pseudonyme du ou des créateurs encore inconnus de Bitcoin. Satoshi est également le nom de la plus petite unité de bitcoin. Un satoshi est un cent millionième de bitcoin (0.00000001 BTC).

Soft fork : Une modification du protocole blockchain dans laquelle seuls les blocs/transactions précédents deviennent invalides. Contrairement à une fourchette dure, une fourchette douce ne crée pas une nouvelle blockchain parallèle à côté de l'ancienne.

Stablecoin : Une pièce liée à un autre moyen de valeur, comme une monnaie fiduciaire, dans le but de minimiser les fluctuations de valeur. L'une des stablecoins les plus connues est le tether, qui est lié au dollar américain.

Système de tiers de confiance : Système où la sécurité, la vérification et les transactions d'une monnaie sont facilitées par un tiers central.

Système sans confiance : Système où la sécurité, la vérification et les transactions au sein d'un réseau ne sont pas facilitées par une partie centrale.

Taux de hachage : la puissance de calcul totale combinée qui est utilisée pour miner et traiter les transactions sur une blockchain Proof-of-Work.

Volatilité : Une forte chance de changement rapide et imprévisible. Une pièce volatile est celle qui se caractérise par de grands mouvements de prix. En général, le marché des cryptomonnaies est très volatil.

Annexe V

Sources utiles

Livres :

Trading in the Zone : Master the Market with Confidence, Discipline, and a Winning Attitude (Mark Douglas)

Japanese Candlestick Charting Techniques : A Contemporary Guide to the Ancient Investment Techniques of the Far East (Steve Nison)

Candlestick Charting Explained: Timeless Techniques for Trading Stocks and Futures (Gregory L. Morris)

Market Wizards (Jack D. Schwager)

The Logical Trader (Mark B. Fisher)

Échanges cryptographiques :

Binance.com (largest crypto exchange in the world)

Coinbase.com (largest U.S. crypto exchange)

Sites d'actualités :

Coindesk.com

Coingecko.com

Coinmarketcap.com

Cointelegraph.com

Fournisseurs de métriques en chaîne :

App.santiment.net

Coinmetrics.io

Glassnode.com

www.ingramcontent.com/pod-product-compliance
Ingram Content Group UK Ltd.
Pitfield, Milton Keynes, MK11 3LW, UK
UKHW042110021026
15589UKWH00001B/319

9 789083 364919